Colección
EMPRENDIMIENTO
Y CRECIMIENTO PERSONAL

Pan House
Casa Editorial

Editorial PanHouse®
www.editorialpanhouse.com

Edición general:
Jonathan Somoza
Gerencia editorial:
Daniel Valente
Coordinación editorial:
María Laura Pernalete
Edición de contenido:
Zulrenzo Salazar
Corrección editorial:
Yelitza Hernández
Corrección ortotipográfica:
Luz Llaguno
Diseño, cubierta y diagramación:
Aarón Lares

ISBN: 978-980-437-548-4
Depósito legal: DC2025000603

CÉNTRATE EN SER

El **LIDERAZGO** comienza en ti,
sé la persona que **INSPIRA** antes
de ser el líder que **GUÍA**

NELMARIE MONGE NAZARIO

Índice

CAPÍTULO 12:

CAPÍTULO 13:

A ustedes, mi familia, mi razón de ser, mi mayor inspiración.

A mis padres, mi hermano y mi abuela: gracias por ser mi apoyo incondicional desde el primer momento. Su amor, fe en mí y su presencia constante han sido pilares fundamentales en mi vida. Cada paso que he dado y cada logro han sido posibles gracias a la increíble influencia que han tenido en quien soy hoy. Ustedes son mi guía, mi fortaleza y mi refugio.

A mi esposo, Francisco, y a mis hijas, Sofía y Catalina: ustedes son mi motor, mi energía, mi felicidad. Cada día a su lado me llena de propósito y alegría. Sofía y Catalina, sus sonrisas son mi mayor tesoro, el reflejo puro de todo lo que amo en este mundo. Francisco, gracias por ser mi cómplice, mi compañero, el que siempre me anima a soñar más alto y a superar cualquier obstáculo. Sin tu apoyo y confianza en mí este libro no sería una realidad.

A todos ustedes, que forman mi corazón y mi esencia, este libro está dedicado con todo mi amor. Cada palabra que escribo aquí lleva el eco de lo que soy cuando existimos juntos: hija, nieta, hermana, esposa y mamá.

Con amor infinito,

Nelmarie

COMENTARIOS

«Este libro no es solo una guía sobre liderazgo, es una herramienta transformadora que desafía la manera en que influimos, tomamos decisiones y desarrollamos a nuestros equipos. Me hizo replantear cómo gestiono el cambio y cómo puedo ser un líder más estratégico y humano a la vez. El capítulo sobre la importancia del *self care* en el liderazgo me llevó a una profunda reflexión sobre cómo mi bienestar impacta directamente en mi equipo y en mi capacidad de inspirar a otros.

Además, las estrategias para medir resultados y optimizar la comunicación fueron reveladoras y me dieron técnicas concretas para alinear mi equipo con la visión organizacional de manera efectiva. El enfoque en la cultura como motor de desempeño fue clave para entender cómo construir entornos donde la innovación y el compromiso florezcan. También, la metodología de atracción de talento me ayudó a ver el proceso de reclutamiento no solo como una tarea, sino como una estrategia para asegurar el éxito a largo plazo de la empresa.

Este libro me dio herramientas, pero sobre todo me inspiró a evolucionar como líder. Si buscas mejorar tu influencia, potenciar el talento a tu alrededor y dejar un impacto real en tu organización, esta lectura es imprescindible».

MITZY CRUZ

Strategic Sr. Manager Nutrition Services

«Me encantó cómo la autora expone en este libro preguntas para autoevaluarte en cada uno de los temas que presenta; esto me permitió reflexionar sobre mi propio estilo de liderazgo a lo largo de la lectura. Uno de mis temas favoritos fue el de la comunicación de metodología escalonada, ya que ofrece un enfoque para conectar en todos los niveles de la organización, pero manteniendo y promoviendo la excelencia operativa.

El libro es ideal para todos los grados de liderazgo, desde supervisores, ejecutivos y personal de recursos humanos. Si lo que buscas es liderar de manera efectiva y con propósito, esta obra es para ti».

MARALE GUERRERO

Vice President, Human Resources

«El liderazgo es una de las habilidades más complejas que una persona puede alcanzar, dado que es multidimensional. Un buen líder no solo es una persona que sabe comunicarse o motivar un equipo para alcanzar sus metas, sino que en general es una persona que debe destacarse en varias dimensiones como el autoconocimiento, la comunicación, la motivación, la planificación, el pensamiento estratégico, la innovación, el propósito, entre otros.

Nelma, líder humana y estratégica que admiro, resume de manera muy efectiva estas dimensiones de liderazgo y ofrece guías prácticas de reflexión para la autoevaluación y mejora personal, útil tanto para líderes jóvenes como veteranos. Tuve el privilegio de trabajar con ella durante cinco años y en ese tiempo aprendí de primera mano la esencia del liderazgo que transmite en su libro. Gracias a su guía y ejemplo, logré estructurar y consolidar un equipo de *marketing* digital altamente eficiente y multidisciplinario de quince personas. Trabajamos liderazgo balanceado, midiendo al equipo en base a métricas clave del negocio y desarrollando su crecimiento a través de entrenamientos personalizados.

Este libro no solo es una reflexión sobre el liderazgo, sino una ruta práctica para líderes que sinceramente deseen generar un impacto positivo y duradero en su equipo. Recomiendo su lectura a quienes buscan un liderazgo auténtico y transformador».

Ana Gabriela Páez
Head of Consumer Propositons, Latam

PRÓLOGO

Existen líderes que inspiran, que transforman y que dejan una huella imborrable en quienes los rodean. No es el cargo que ocupan lo que los define, sino cómo eligen dirigir.

El liderazgo va más allá de dirigir equipos o alcanzar objetivos. Se trata de generar impacto, construir relaciones de confianza y guiar a otros hacia su máximo potencial. Un verdadero líder no solo impulsa resultados, sino que crea un entorno donde las personas crecen, se desarrollan y se sienten valoradas. Liderar con el corazón y la mente es el equilibro entre los resultados y compromisos; surge de esta idea: el liderazgo más poderoso es el que combina visión, empatía y estrategias efectivas para transformar equipos y organizaciones.

Para lograrlo, es esencial que el líder comience por sí mismo. El autoconocimiento es la base de un liderazgo sólido y auténtico. Un líder que comprende sus fortalezas, valores y áreas de mejora tiene mayor claridad para tomar decisiones, comunicar con transparencia y conectar genuinamente con su equipo. Cuando un líder se cuida, se desarrolla y actúa con propósito, su impacto se multiplica en los demás.

Este libro es una guía para quienes buscan evolucionar en su liderazgo, equilibrando firmeza con empatía, atrayendo el talento adecuado, estableciendo objetivos claros y desarrollando equipos comprometidos.

Entre las herramientas clave que encontrarás aquí se incluyen:

- Técnicas de comunicación efectiva: para transmitir mensajes con claridad, manejar conversaciones difíciles y generar confianza en tu equipo.

- El método SENSE: que sirve para seleccionar el talento ideal, evaluando tanto sus competencias como su alineación con la cultura organizacional.

- Cómo establecer objetivos claros y alcanzables con herramientas: como los OKRs (*Objectives and Key Results*), que ayudan a enfocar esfuerzos y medir el progreso con precisión.

- La metodología de comunicación escalonada: diseñada para asegurar que la información fluya de manera eficiente en todos los niveles de la organización.

- Estrategias para la retroalimentación continua: fomentando un entorno de mejora y aprendizaje constante.

- Liderazgo empático: con herramientas para desarrollar una conexión genuina con el equipo, fortaleciendo la confianza y el compromiso.

- La importancia del reconocimiento y la celebración de logros: utilizando el reconocimiento como un pilar clave para la motivación y la retención del talento.

- Cómo aprovechar la inteligencia artificial en el liderazgo: haciendo uso de la tecnología como una aliada para mejorar la toma de decisiones y optimizar la gestión del talento.

Más allá de metodologías y estrategias, este texto es una invitación a reflexionar sobre el tipo de líder que deseas ser. Liderar con propósito significa inspirar, potenciar el talento, construir relaciones auténticas y generar un impacto que trascienda los resultados inmediatos.

Si tienes este libro en tus manos es porque buscas algo más que dirigir: quieres conectar, transformar y dejar una huella en tu equipo. En estas páginas encontrarás inspiración, herramientas prácticas y el impulso necesario para liderar con propósito y marcar la diferencia.

Tu equipo no solo necesita un líder competente. Necesita un líder que los haga crecer. ¿Estás listo para el reto?

FRANCISCO J. NEGRÓN
Supply Chain Head

INTRODUCCIÓN

El viaje hacia un liderazgo transformador

El liderazgo trasciende la simple gestión de tareas y el logro de objetivos; se trata de dejar un impacto duradero en la vida de quienes conforman nuestro entorno, actuando como guías en su camino, tanto profesional como personal.

Este libro nace del deseo de compartir las estrategias, experiencias y reflexiones que me han permitido construir relaciones significativas y crear equipos altamente efectivos. El verdadero éxito no radica únicamente en alcanzar resultados, sino en saber que como líderes hemos impulsado el crecimiento y el desarrollo de otros. En este tomo encontrarás una guía detallada para cultivar un liderazgo que no solo cumple objetivos empresariales, sino que también enriquece la vida de quienes nos acompañan en el camino trabajando a nuestro lado.

Me he desenvuelto en entornos desafiantes, en procesos de cambio acelerado y en situaciones en las que la presión por alcanzar metas podía fácilmente eclipsar lo verdaderamente importante: las personas. Sin embargo, en cada paso he constatado que los líderes que logran resultados duraderos son aquellos que se preocupan profundamente por su equipo, los escuchan, los valoran y los inspiran a ofrecer su mejor versión.

A lo largo de estas páginas compartiré técnicas probadas para mejorar la comunicación, medir resultados, así como atraer y retener el mejor talento. Cada capítulo ofrece estrategias y principios diseñados para ayudarte a crear una práctica con la cual las personas se sientan seguras, valoradas y dispuestas a dar lo mejor de sí mismas. Descubrirás cómo establecer una cultura de retroalimentación continua, fijar expectativas claras y motivar a tus colaboradores mediante actos sinceros de reconocimiento.

Mi trayectoria profesional ha sido una combinación única de experiencias en diferentes roles de liderazgo con enfoque en recursos humanos y operaciones financieras. Mis estudios en estas áreas, junto con certificaciones clave de *Scrum Master*, *Product Owner*, *certified coach* y liderazgo e innovación, por el Instituto Tecnológico de Massachusetts (MIT, por sus siglas en inglés), han ampliado mi perspectiva y capacidades como líder en contextos de alta competitividad y transformación digital.

A lo largo de mi carrera he tenido el privilegio de recibir varios reconocimientos, algunos son: *40 under 40*, en el año 2021, otorgado por la revista de negocios Caribbean Business a los profesionales más exitosos menores de 40 años; *HR Influencer* para el Caribe y Centroamérica, por la compañía GOIntegro, entre otros. Cada una de estas experiencias ha reafirmado mi convicción de que el verdadero liderazgo va más allá de la gestión cotidiana: se trata de construir una visión y un compromiso genuino hacia el crecimiento de los demás.

Una de las lecciones más importantes que he aprendido es que el liderazgo no se trata solo de lo que logramos, sino de cómo lo logramos. He visto a líderes que se enfocan exclusivamente en los resultados y en que pueden alcanzar metas, pero rara vez inspiran un cambio real o dejan una huella duradera. En cambio, aquellos que invierten en sus equipos, que comprenden la importancia de la empatía, la gratitud y el reconocimiento, son los que realmente transforman su entorno.

Lo primordial para ser un buen líder es ser una buena persona.

Deseo que experimentes con este libro la diferencia que un liderazgo genuino puede tener en tu vida y en la de los demás. Exploremos la importancia de la empatía y cómo un entendimiento profundo de las emociones y necesidades de tus colaboradores puede ser la clave para construir relaciones sólidas. Aprenderás a equilibrar la firmeza con la compasión tomando decisiones que, aunque difíciles a veces, beneficien al equipo y a la organización a largo plazo. Además, encontrarás estrategias para manejar situaciones complejas, desde conversaciones difíciles hasta crisis inesperadas, siempre manteniendo la integridad y el respeto hacia los demás. No importa en qué etapa de tu carrera te encuentres, las habilidades de liderazgo son universales y pueden desarrollarse en cualquier nivel.

Para quienes me conocen, saben que el desarrollo de talento y el bienestar de los colaboradores han sido mi pasión y propósito profesional. Durante años he visto que las pequeñas acciones, como expresar gratitud o tomar unos minutos para escuchar las preocupaciones de un colaborador, pueden marcar una gran diferencia en su manera de involucrarse y desempeño. Esta compilación se basa en esa experiencia y en mi firme convicción de que invertir en el bienestar de nuestros equipos es invertir en el éxito de la organización.

Reflexiones para iniciar el viaje

1. **¿Cuál es el impacto que deseas dejar en cada persona que lideras?**

Piensa en el legado que quieres construir como líder y en cómo tus acciones pueden inspirar y motivar a cada miembro de tu equipo en su propia expansión.

2. **¿De qué manera estás comprometido con un liderazgo transformador que inspire y potencie a los demás?**

Evalúa tus acciones diarias y cómo podrías profundizar tu compromiso con un liderazgo centrado en el crecimiento y bienestar de tu equipo.

3. ¿Qué pasos puedes tomar para emprender un viaje hacia
    un liderazgo que equilibre los resultados con la empatía
    y la conexión humana?

Considera los ajustes y mejoras que podrías hacer en tu enfoque
para fortalecer tu capacidad de liderar con impacto y dejar una
huella positiva en quienes te rodean.

01

LA IMPORTANCIA DEL BIENESTAR PROPIO EN UN LÍDER

Para ser un buen líder primero hay que ser una buena persona y, además, es esencial conocerse profundamente. **Un buen liderazgo comienza con un equilibrio interno, no perfecto, pero debe adaptarse a nuestras necesidades y fluir entre los retos y las motivaciones que nos impulsan.** Antes de guiar y ayudar a otros a que evolucionen, en principio es fundamental hacer una pausa, mirar hacia adentro y descubrir qué es lo que realmente nos motiva y cuáles son nuestros límites.

Autorreflexión como base del liderazgo

La autorreflexión es una herramienta poderosa que nos permite entender no solo nuestras metas, sino también lo que nos mueve y nos llena, tanto profesional como personalmente. Este conocimiento de uno mismo proporciona la claridad y fortaleza necesarias para enfrentar los desafíos diarios con una mentalidad abierta y resiliente. Algunas preguntas que pueden guiarnos en el proceso de autodescubrimiento son:

- ¿Te has convertido en el profesional que quieres ser?
- ¿Qué has alcanzado en tus metas profesionales?
- ¿Qué te falta por alcanzar?
- ¿Qué te motiva profesionalmente?
- ¿Qué te desmotiva?

Conocer nuestras metas, motivaciones y los factores que pueden hacernos perder el enfoque es crucial para sentirnos plenos en nuestra profesión y mejorar nuestro rendimiento. Al igual que en un avión, donde en caso de emergencia se nos pide ponernos la mascarilla de oxígeno primero para poder ayudar a los demás, en la vida profesional debemos priorizar nuestro bienestar. Construir, desarrollar y motivar a otros comienza con trabajar en el líder que somos y en cómo nos sentimos.

Debemos ser nuestros propios motivadores y entrenadores, lo que requiere diseñar un plan de acción que aborde las áreas de mejora que identificamos en nosotros mismos. Este proceso de autoconocimiento fortalece nuestra capacidad de liderazgo y también nos prepara para enfrentar los desafíos con mayor resiliencia y claridad.

Identificar nuestros límites e impulsos

Parte de este proceso de autoconocimiento como líderes implica comprender y respetar nuestros límites, así como lo que realmente nos impulsa. Cada persona tiene su combustible personal: algunos se motivan con los viajes, otros encuentran inspiración en la familia, la salud o pasatiempos. Es clave definir esas fuentes de energía que nos ayudan a ser mejores personas y profesionales.

Una vez que las visualizamos, debemos asegurarnos de tomar tiempo en nuestras agendas para disfrutar de nuestros motivadores y llenar el combustible personal. Mi combustible es mi familia, por lo que me aseguro de que diariamente siempre tengamos tiempo de calidad sin importar lo cargado del día.

La mayoría de mis decisiones profesionales giran en torno a ellos, pues son mi felicidad. Siempre digo que el día en que un rol no me permita ser la madre que quiero para mis hijas será el momento de moverme a otro rol. En más de una ocasión he puesto esta filosofía en práctica, asumiendo otros roles. Aprendí que si mi energía no está llena, no lograré ser feliz ni efectiva.

Igualmente, es importante tener claridad sobre nuestros límites y entender nuestros desmotivadores. No hay nada de malo en delinear lo que no deseamos, lo que no se alinea con nuestros valores ni con el camino que queremos seguir. Aprender a decir no con firmeza y desde un lugar de integridad es fundamental para mantener nuestro bienestar emocional y profesional. De la misma forma, los límites a veces llegan hasta donde tenemos la capacidad en ese momento para lograr algo; ser realistas es un arte que nos permite ser efectivos. De igual manera, nos da la oportunidad para elaborar planes de desarrollo para nosotros mismos, para ampliar nuestro conocimiento y empujar esa línea del límite de capacidad cada vez más lejos, lo que nos permite superarnos.

Definir nuestro «todo» personal

En el proceso de autodescubrimiento es vital apostar a tenerlo todo, entendiendo que «tenerlo todo» significa algo diferente para cada persona. Explorar y definir qué significa el «todo» es esencial, ya que no se trata de cumplir expectativas externas, sino de construir una vida que nos llene. Es fundamental identificar las cosas que inspiran nuestro crecimiento y propósitos, teniendo la ambición de trabajar en nuestro «todo» como objetivo para alcanzar la autorrealización.

Recuerdo que cuando estaba embarazada de mi primera hija, Sofía, muchas personas me decían que ya no podría tenerlo todo. La frase resonaba en mi mente, afectándome profundamente en un momento de plena felicidad. Había alcanzado roles altos rápidamente, me sentía realizada en mi carrera y en mi vida personal, pero esas palabras me hacían cuestionarme. Después de escuchar opiniones tan diversas, me di cuenta de que cada persona tenía su propia definición de «todo» y que ninguna de ellas se alineaba con la mía. Fue entonces cuando decidí definir lo que significaba tenerlo todo para mí, así que diseñé un plan de vida y carrera basados en mi propio «todo». Hoy puedo decir que he logrado ese balance en mi definición, no en la de los demás.

Adaptabilidad: redefinir nuestro «todo» a medida que crecemos

Con el tiempo, comprendí que la definición de tenerlo todo es flexible y evoluciona. Las prioridades cambian y eso está bien. Esa adaptabilidad nos permite ajustar el balance entre nuestras aspiraciones y las circunstancias de la vida. No hay nada de malo en tachar de nuestra lista lo que ya no es tan importante o en agregar nuevos elementos que reflejan quiénes somos en ese momento. Lo importante es que esta definición de «todo» siga alineada con lo que nos llena.

Plan de acción para el bienestar propio, enfocado en el equilibrio y el autocuidado

Para alcanzar y mantener ese equilibrio recomiendo que los líderes definan un plan de autocuidado que incluya:

- **Separar tiempo para la reflexión personal**

Dedica un espacio regular para pensar sobre tus motivaciones y objetivos. Esto puede lograrse a través de la escritura de un diario, la meditación o, simplemente, momentos de silencio y autoconocimiento.

- **Definir prioridades y límites claros**

Identifica las actividades y compromisos que te llenan de energía y di «no» a aquellos que drenan tu motivación o no se alinean con tu propósito.

- **Diseñar un plan de acción que te acerque a ese «todo» personal**

Haz una lista de las cosas que quieres alcanzar en tu vida y que entiendes que al completarlas te sentirás realizado.

MI TODO

FECHA _____________

Para vivirlo, hacerlo y lograrlo

- _________________________________
- _________________________________
- _________________________________
- _________________________________
- _________________________________
- _________________________________
- _________________________________
- _________________________________
- _________________________________
- _________________________________
- _________________________________
- _________________________________
- _________________________________

Para vivirlo, hacerlo y lograrlo

- **Incluir actividades de bienestar en tu agenda**

Integra hábitos saludables, ya sea hacer ejercicio, leer, pasar tiempo con tu familia o dedicarte a un *hobby* que te apasione. Esto te ayudará a recargar energías y mantener la claridad mental.

- **Reevaluar periódicamente tu plan de acción**

A medida que avanzas en tu vida personal y profesional, revisa tus objetivos y tu definición de «todo» para adaptarte a los cambios que experimentas.

Reflexión: la importancia del bienestar propio en un líder

- **¿Cómo afecta tu bienestar físico y emocional la calidad de tu liderazgo y las relaciones con tu equipo?**

Presta atención a la manera en que tus niveles de energía, claridad mental y equilibrio emocional impactan en tus decisiones y en el ambiente que creas para tu equipo. Considera cómo cuidar de ti mismo puede permitirte ser más empático y estar presente para quienes lideras.

- **¿Qué prácticas de autocuidado tienes actualmente y cuáles podrías incorporar para mejorar tu resiliencia y enfoque?**

Haz un inventario de las prácticas que ya tienes y evalúa cuáles podrían ayudarte a mantenerte enfocado y fuerte en momentos de estrés. Piensa en actividades que te llenen de energía, te den claridad mental y fortalezcan tu capacidad para enfrentar desafíos.

- **¿De qué manera cuidar de ti mismo inspira a tu equipo a valorar también su propio bienestar?**

Considera el ejemplo que das a tus colaboradores en términos de equilibrio entre vida laboral y personal. Reflexiona sobre cómo tu compromiso con el autocuidado puede ser una inspiración para que ellos también prioricen su bienestar, creando una cultura de trabajo más saludable y sostenible.

02

EL PROPÓSITO DEL LIDERAZGO

Durante mi carrera he descubierto que el verdadero fin del liderazgo trasciende el simple logro de objetivos organizacionales. Liderar es dejar una marca positiva en la vida de quienes han sido, son y serán parte de nuestro entorno profesional. Se trata de alcanzar los resultados empresariales, mientras se desarrolla y potencia a cada colaborador.

Todos hemos escuchado mil veces: «Los colaboradores son el activo más valioso de cualquier organización». Sin embargo, desvincular su crecimiento del éxito empresarial es uno de los errores más comunes entre muchos líderes. Aunque es posible obtener resultados a corto plazo, la falta de desarrollo de los colaboradores genera un desequilibrio a largo plazo que no es beneficioso para el colaborador ni para el líder.

La misión del liderazgo: hacer crecer a otros

Ser líder vas más allá de la mera obtención de un título; implica generar un impacto positivo que permita a cada miembro del equipo maximizar su potencial. No se trata únicamente de productividad o de alcanzar metas, sino de hacer una diferencia real y significativa en la vida de quienes colaboran con nosotros. Es crucial construir equipos efectivos, motivados y productivos sin sacrificar la humanidad y la empatía. Recordar el propósito fundamental del liderazgo nos ayuda a priorizar la relación y el compromiso con el equipo, facilitando un crecimiento conjunto y sostenible.

Reflexionando sobre el propósito

Te invito a que, como líder, nunca olvides tu propósito. Tómate un momento para detenerte y reflexionar:

- ¿Qué impacto deseas tener en la vida de las personas en tu equipo?
- ¿Cómo quieres que te recuerden quienes han trabajado contigo?
- ¿Estás dispuesto a ser un líder que vaya más allá de lo profesional y buscar una conexión genuina?

Este propósito es la base sobre la cual construiremos todas las herramientas y estrategias que exploraremos a lo largo de este libro. Como líderes, debemos aspirar a que las personas que tenemos el privilegio de liderar alcancen sus metas profesionales y a sentir satisfacción por haber contribuido a su desarrollo.

Construir un legado de liderazgo

Crear una cultura donde cada colaborador se sienta apoyado para alcanzar su máximo potencial nos permite cumplir las metas de negocio, además de formar una red de profesionales que llevará ese legado de liderazgo a otros equipos y organizaciones. Un verdadero legado de liderazgo se refleja en la capacidad de inspirar a otros a continuar con el trabajo de crecimiento.

Liderar con intención: la transición intencional

En ocasiones para ayudar a crecer a los colaboradores tenemos que aplicar la técnica de la transición intencional, un tema que trato en el capítulo 10 como una de las estrategias que suelen ser necesarias para el desarrollo efectivo de los miembros del equipo. Esta técnica implica guiar a los colaboradores para que puedan crecer en otros desafíos, incluso si eso significa que estén fuera de tu equipo de trabajo. Recuerdo que a inicios de mi carrera un líder a quien admiro mucho me motivó a realizar una maestría en finanzas, a pesar de saber que ampliar mis conocimientos en el área financiera podría llevarme a buscar otras oportunidades fuera de su equipo. Este líder buscó impactar en mi carrera a largo plazo utilizando la transición intencional: me motivó para añadir a mi plan de carrera competencias que a largo plazo contribuirían en mí profesionalmente.

Ser un líder intencional supone confiar en el potencial de los miembros de tu equipo, aun sabiendo que en algún momento seguirán adelante en otros roles. Esta transición intencional a menudo fortalece al equipo y mejora la cultura organizacional, lo que fomenta una atmósfera de apoyo y desarrollo continuo.

Esta técnica también se aplica cuando, al evaluar a nuestros colaboradores, identificamos que sus capacidades no están alineadas con el rol que desempeñan. En ocasiones podemos facilitar herramientas que contribuyan a su mejora, elevando su capacidad de ejecución. Sin embargo, también existen situaciones en las que debemos analizar dónde se alinean mejor las competencias del colaborador para potenciar sus talentos.

Recuerdo una ocasión en la que tenía un rol vacante y entrevisté a varios colaboradores internos de otras áreas. Durante la evaluación objetiva por competencias, el colaborador seleccionado había sido previamente evaluado como de bajo desempeño en su rol anterior. Al sentarme con su líder le pregunté: «Si el rol actual que ocupa este empleado requiriera las siguientes competencias (y las enumeré), ¿lo seguiríamos evaluando como de bajo desempeño?». Su respuesta fue: «No, superaría las expectativas, porque esas competencias son su fortaleza».

En ese momento ambos coincidimos en que era necesario aplicar la técnica de transición intencional. Le di la oportunidad al colaborador en este nuevo rol y, sin duda, ha sido uno de los mejores con los que he tenido el honor de trabajar. Hay un rol para cada persona; se trata de tener la visión para apostar por el talento de las personas y ofrecerles las oportunidades correctas para que puedan maximizar sus aptitudes.

<u>Reflexión: el propósito del liderazgo</u>

- **¿Qué te dicen los logros y recuerdos de las personas con las que has trabajado sobre el impacto de tu liderazgo?**

Reflexiona sobre el legado en el que has construido hasta ahora y cómo tus acciones han influido en el crecimiento y éxito de quienes has liderado.

- **¿Cómo quisieras que te recordaran tus colaboradores en el futuro?**

Piensa en las cualidades y el impacto que deseas dejar como líder y en cómo podrías alinear tus acciones actuales con esa visión de futuro.

- **¿Qué pasos puedes tomar hoy para acercarte al propósito de liderazgo que te has planteado?**

Considera los ajustes y compromisos que podrías adoptar en tu estilo de liderazgo para ser recordado de la manera que deseas.

03

LA CONEXIÓN CON EL EQUIPO

Conexión real

Conectar genuinamente con cada miembro del equipo es una habilidad fundamental para un liderazgo eficaz. Cuando logramos establecer ese vínculo en el que ambas partes pueden maximizar el potencial del otro se construyen relaciones exitosas y duraderas. Una de las técnicas que más recomiendo para conectar es identificar intereses comunes que compartas de manera natural con cada persona donde ambos se sientan en igualdad de condiciones. Puede ser una afinidad por los viajes, un interés por un deporte en particular o el amor por los animales. Establecer esta base facilita el primer paso hacia una relación genuina y auténtica.

Es natural sentirnos más cómodos con personas que comparten nuestras experiencias, intereses o valores. Aprovechemos esto a nuestro favor: busca aquellas inclinaciones que compartes con tu equipo y crea una base donde puedan tener conversaciones afines. Lograr esto fortalecerá la confianza mutua y permitirá tener conversaciones más fluidas y productivas.

Para ayudarte a conectar con tu equipo te invito a realizar una lista de ideas que puedes explorar:

- ¿Qué intereses o pasatiempos compartes con cada uno de tus colaboradores?

- ¿Qué similitudes existen en sus trayectorias o experiencias de vida?
- ¿Qué valores en común son evidentes entre tú y cada miembro de tu equipo?

Estos puntos de afinidad crean un vínculo que va más allá de la relación laboral y fomentan confianza y respeto mutuo. Una vez que logremos esa conexión es importante asegurar la implementación de diferentes estrategias para maximizar esa relación.

1. Asegura espacios agendados para conectar

Las reuniones individuales son esenciales para mantener la relación y el enfoque en los objetivos del equipo. Este es un espacio crucial para conocer las necesidades de los colaboradores, entender cómo avanzan sus tareas y proyectos dentro del plan y detectar áreas que requieren apoyo. Además, es una oportunidad para saber cómo se siente cada uno y discutir cualquier respaldo adicional que sea necesario.

La frecuencia de estas reuniones debe acordarse con los colaboradores, alineándose tanto a las necesidades del negocio como a las preferencias individuales. He tenido colaboradores que prefieren reuniones semanales, mientras que otros optan por intervalos mayores. Balancear estas preferencias con las necesidades del equipo es esencial para la efectividad de estas reuniones. Un liderazgo efectivo implica reconocer que cada miembro del equipo es único y se conecta de manera diferente.

2. Organiza actividades de *team building*

Un equipo que logra una conexión auténtica entre quienes lo conforman construye confianza y, como resultado, se vuelve más exitoso. Las actividades que rompen con la rutina diaria y permiten al equipo interactuar de manera informal son altamente efectivas para crear estos nexos.

A continuación, te comparto algunas actividades que he implementado con buenos resultados, así como otras ideas que pueden ayudar a fortalecer los lazos entre los colaboradores:

Foto de niño: ¿quién es quién?	Solicita a cada miembro del equipo que traiga una foto de cuando era niño o que la envíe con anticipación. Durante la reunión, organiza una competencia en la que todos intenten adivinar quién es quién en las fotos. Para añadir un toque extra de competencia y diversión, ofrece un premio a quien tenga más aciertos.
Competencia de cocina	Esta actividad puede ser muy divertida y fácil de organizar. Usa recetas sencillas, como aperitivos fríos o sándwiches, que puedan prepararse rápidamente sin necesidad de cocinar. Incluye una votación para elegir el mejor platillo, lo que añadirá un elemento de interacción y disfrute.
Bitmoji	Pide a cada miembro del equipo que cree un *bitmoji* (personaje de caricatura digital) y luego realiza una actividad donde todos intenten adivinar quién creó cada *bitmoji*. Esto fomentará la creatividad y permitirá que los colaboradores se conozcan de una manera amena y divertida.

¿Quién es más probable que…?	Crea una lista de situaciones divertidas y pregúntale al equipo quién cree que es más probable que haga cada cosa. Ejemplos: ¿quién es más probable que se quede viendo una serie hasta tarde? ¿Quién es más probable que pierda un vuelo? ¿Quién es más probable que sea voluntario para cantar en el karaoke? ¿Quién es más probable que llegue temprano a todas las reuniones?
Quiz de **preferencias rápidas**	Prepara una serie de preguntas de «esto o aquello» y pide a cada persona que responda rápidamente. Ejemplos: ¿café o té? ¿Playa o río? ¿Madrugador o nocturno? ¿Serie o película? Luego, cada uno debe analizar cuántas respuestas tiene en común con los demás. Esta actividad revela intereses compartidos que pueden facilitar conversaciones.
Escape room **virtual o presencial**	Esta actividad es ideal para fomentar la colaboración bajo presión y la resolución de problemas en equipo. Los miembros deben trabajar juntos para resolver acertijos y encontrar pistas que les permitan «escapar» de una habitación. Es una excelente manera de reforzar la comunicación y el trabajo entre todos mientras se divierten y enfrentan desafíos en conjunto.

Construcción de torres de papel	Divide al equipo en grupos y proporciónales hojas de papel y cinta adhesiva. Cada grupo tiene un tiempo limitado para construir la torre más alta posible utilizando solo los materiales dados. Esta actividad fomenta la creatividad, el trabajo en conjunto y la resolución de problemas.
Círculo de gratitud	Esta es una excelente actividad para cerrar la semana o concluir un proyecto. Cada miembro comparte algo por lo que esté agradecido, ya sea del equipo en conjunto o de un compañero específico. Esta dinámica fortalece las relaciones interpersonales y ayuda a que los colaboradores valoren el esfuerzo y el apoyo mutuo, lo que propicia un ambiente positivo.
Trivia de conocimientos generales o temas personalizados	Organiza un juego de trivia con preguntas que abarquen desde temas generales hasta información específica sobre el equipo. Esto no solo permite aprender de manera divertida, sino que también ayuda a descubrir datos curiosos sobre los demás.

Historias de dos verdades y una mentira	Cada colaborador comparte tres afirmaciones sobre sí mismo, de las cuales dos son verdaderas y una es falsa. El resto del equipo debe adivinar cuál es la mentira. Esta actividad es una forma divertida de descubrir detalles inesperados sobre los compañeros y fomentar un ambiente de confianza.
Hackatón de ideas para el negocio	Invita a los miembros del equipo a formar pequeños grupos para proponer ideas innovadoras que beneficien al negocio o mejoren un proceso interno. Esta actividad les brinda la oportunidad de colaborar en temas relacionados con su trabajo, proponer soluciones y fomentar la creatividad y el sentido de pertenencia.
Taller de manualidades o pintura	Organiza una actividad de manualidades o pintura e invítalos a participar. Es una forma relajante y creativa de compartir tiempo juntos y estimular la creatividad en un ambiente libre de estrés.

Cada una de estas ideas puede adaptarse para realizarse de manera presencial o virtual, dependiendo de las necesidades y preferencias de todos. Lo importante es que las actividades de *team building* se realicen periódicamente para fortalecer de forma continua los vínculos, la confianza y la colaboración entre todos, lo que ayuda a crear un ambiente de trabajo positivo y cohesionado.

3. Reunión de desarrollo de carrera

Recomiendo reservar un espacio exclusivo cada seis meses para dialogar con los empleados de alto potencial sobre su carrera. Aunque este tema se aborda en las evaluaciones de desempeño para aquellos identificados como altos potenciales, es crucial tener una reunión específica de al menos 30 minutos. Este tiempo debe dedicarse exclusivamente a discutir su futuro profesional y a identificar las herramientas o entrenamientos que necesitan para seguir avanzando.

4. *One skip level meeting*

Estas reuniones están diseñadas para mantener el contacto con los altos potenciales que reportan a tus líderes directos. Es esencial no solo desarrollar a tus líderes inmediatos, sino también asumir la responsabilidad de apoyar el desarrollo de todos los que están en el área bajo su cargo. Estas personas son los posibles sucesores de tus actuales líderes y establecer una conexión con ellos, saber qué necesitan y qué los motiva será clave para mantener planes sólidos de sucesión.

Construir relaciones auténticas y duraderas con tu equipo requiere de tiempo, esfuerzo y un interés genuino. Las personas perciben cuando un líder realmente se interesa por ellas y esa legitimidad es fundamental para liderar de manera inspiradora y motivadora. Al cultivar una conexión genuina basada en la confianza y el respeto mutuo creamos un entorno en el que cada integrante del equipo se siente valorado, comprendido y comprometido.

No se trata solo de alcanzar metas, sino de construir juntos un camino que fortalezca al equipo y lo impulse hacia el éxito compartido. Un líder que conecta de verdad es aquel que deja una huella perdurable, elevando a todos aquellos que lo rodean.

Reflexión: la conexión con el equipo

1. **¿Qué intereses comunes puedes identificar con cada miembro de tu equipo que te permitan crear una conexión más cercana?**

Reflexiona sobre las afinidades que compartes con tu equipo y cómo podrías utilizarlas para iniciar conversaciones que fortalezcan la relación.

2. **¿Cómo puedes integrar estos intereses en interacciones cotidianas para construir puentes y generar un ambiente de confianza?**

Considera oportunidades específicas para usar estos intereses como temas de conversación que te permitan crear un vínculo más genuino y cercano con cada persona.

3. **¿Qué impacto crees que tendrá esta conexión en la cohesión y el bienestar del equipo a largo plazo?**

Piensa en cómo estas pequeñas interacciones pueden influir en la motivación, la comunicación y el sentido de pertenencia de tu equipo a lo largo del tiempo.

04

EL BALANCE DEL LIDERAZGO

Una vez que hemos construido conexiones auténticas con nuestro equipo es crucial mantener un equilibrio entre los objetivos de la compañía y las metas personales y profesionales de cada miembro. Este balance es esencial para crear un ambiente de trabajo en el que tanto los resultados organizacionales como el bienestar de los empleados se respeten y valoren. Un líder que comprende este equilibrio es capaz de inspirar compromiso en su equipo mientras mantiene un enfoque claro en el rendimiento.

Además de apoyar el desarrollo de nuestros equipos, al ser líderes debemos comprender profundamente cómo funciona el negocio. Es esencial entender de dónde provienen los ingresos de la empresa y cuáles son los factores clave de éxito. Esta perspectiva nos permite establecer metas significativas para el equipo que no solo promueven el crecimiento individual, sino que también contribuyen directamente al logro de las metas organizacionales. Al final, los resultados de la empresa dependen en gran medida de un liderazgo capaz de alinear las aspiraciones del equipo con los objetivos estratégicos.

Parte de lograr este equilibrio implica tomarse el tiempo para aprender y profundizar en los aspectos operativos, financieros y estratégicos de la organización. Un líder debe buscar conectar con compañeros de otros departamentos y funciones para comprender cómo cada área contribuye al éxito de la empresa. Esto es especialmente relevante en organizaciones complejas, donde la interdependencia entre equipos y departamentos requiere un liderazgo informado y consciente.

Una pregunta común sobre el liderazgo es qué habilidades técnicas debe poseer un líder para ser efectivo. Entre las competencias clave, el conocimiento financiero es fundamental. No es necesario ser expertos en contabilidad, pero comprender cómo se mide la empresa a través de los números y qué factores impactan positiva o negativamente en los resultados es esencial. Un líder que entiende estos indicadores indispensables puede tomar decisiones informadas, anticipar desafíos y alinear a su equipo para contribuir al logro de objetivos cuantificables.

Además de las habilidades financieras, el conocimiento de metodologías ágiles se ha vuelto crucial en el liderazgo actual. En un entorno dinámico y en constante cambio las metodologías ágiles permiten a los equipos adaptarse rápidamente y responder a las necesidades del negocio. Estas metodologías se basan en los principios de colaboración, autoorganización y entrega continua de valor, esenciales para mantener la eficiencia y la motivación de los colaboradores. Comparto algunas de las metodologías y certificaciones más relevantes para un líder.

1. *Scrum Master*

El rol del *Scrum Master* es crucial en equipos que adoptan la metodología Scrum, una de las más populares en el marco ágil. El *Scrum Master* facilita el proceso, elimina obstáculos y apoya para que se mantengan enfocados en sus objetivos. A través de reuniones diarias y revisiones de *sprint*, el *Scrum Master* ayuda al equipo a mejorar continuamente, ajustando su trabajo a las necesidades cambiantes del proyecto.

La certificación de *Scrum Master* provee conocimiento para ayudar a fortalecer las competencias y habilidades en la gestión de equipos ágiles y en la optimización del flujo de trabajo.

Beneficios:

- Mejora la colaboración entre los miembros del equipo.
- Incrementa la eficiencia y reduce los tiempos de entrega.
- Ayuda a la adaptación rápida de cambios en el proyecto.

2. *Product Owner*

El *Product Owner* es responsable de maximizar el valor del producto y asegurar que los colaboradores se enfoquen en las tareas más importantes. Este rol se centra en la gestión del *backlog* del producto, una lista priorizada de tareas y características que deben desarrollarse. El *Product Owner* toma decisiones clave sobre qué priorizar y garantiza que el equipo esté alineado con los objetivos, tanto del cliente como del negocio.

Esta certificación es ideal para líderes que desean comprender mejor la alineación entre las necesidades del cliente y los objetivos de la organización.

Beneficios:

- Asegura que el equipo trabaje en las tareas de mayor impacto.
- Fomenta un enfoque en el valor para el cliente.
- Ayuda a alinear las prioridades de los colaboradores con las del negocio.

3. *Project management professional* (PMP)

La certificación PMP, ofrecida por el Project Management Institute (PMI), es una credencial reconocida en el campo de la gestión de proyectos. La certificación PMP provee herramientas para elevar las competencias de planificación, ejecución y cierre de proyectos, lo que facilita la gestión de recursos, tiempo y presupuesto de manera eficiente.

Además de las habilidades técnicas en gestión de proyectos, el PMP enfatiza el desarrollo de habilidades de liderazgo y la toma de decisiones estratégicas para proporcionar una base sólida en la gestión de proyectos complejos.

Beneficios:

- Aumenta la eficiencia en la planificación y ejecución de proyectos.
- Mejora la gestión de recursos y costos.
- Facilita la toma de decisiones basada en el análisis y la evaluación de riesgos.

4. *Design Thinking*

El *Design Thinking* es una metodología centrada en el usuario que impulsa la innovación mediante la empatía y la experimentación. Este proceso se divide en cinco fases clave: empatizar, definir, idear, prototipar y probar. Cada una de estas etapas está diseñada para crear soluciones que aborden las necesidades reales de los usuarios.

Los líderes que dominan esta metodología pueden aplicar enfoques centrados en el usuario, lo cual es especialmente útil para resolver problemas complejos y diseñar experiencias valiosas para los clientes.

Beneficios:

- Fomenta la creatividad y la innovación.
- Ayuda a entender las necesidades del usuario.
- Facilita la generación de soluciones efectivas y centradas en el cliente.

5. *Kanban*

Kanban es una metodología ágil que se centra en la mejora continua y la visualización del flujo de trabajo. Utiliza un tablero (digital o físico) donde las tareas se mueven a través de diferentes etapas hasta su finalización. Este enfoque permite a los equipos gestionar su capacidad de trabajo y mejorar su eficiencia al reducir cuellos de botella y limitar el trabajo en progreso.

Implementar Kanban ayuda a los equipos a tener una visión clara de todas las tareas en proceso, lo que facilita la identificación de áreas de mejora y la priorización de trabajos pendientes.

Beneficios:

- Proporciona visibilidad sobre el flujo de trabajo.
- Ayuda a identificar y eliminar cuellos de botella.
- Fomenta la mejora continua y la optimización de procesos.

6. *Lean Six Sigma*

Lean Six Sigma combina las filosofías Lean y Six Sigma para reducir desperdicios y mejorar la calidad de los procesos. Lean se enfoca en la eliminación de desperdicios y en mejorar la velocidad de los procesos, mientras que Six Sigma se centra en la reducción de defectos y la mejora de la consistencia buscando aumentar la calidad. Juntas, estas metodologías logran que los procesos sean más eficientes y efectivos, lo cual es crucial en entornos altamente competitivos.

Beneficios:

- Mejora la calidad y eficiencia de los procesos.
- Reduce costos operativos al eliminar desperdicios.
- Incrementa la satisfacción del cliente a través de productos y servicios de mayor calidad.

7. *Agile coaching*

El rol del *agile coach* es guiar y apoyar al equipo y a la organización en la implementación de prácticas ágiles. Este profesional trabaja para mejorar la cultura organizacional y asegurar que los colaboradores adopten y mantengan los principios ágiles en sus procesos de trabajo.

La certificación de *agile coach* es ideal para líderes que desean impulsar el cambio organizacional y optimizar el rendimiento, tanto a nivel de equipo como de empresa.

Beneficios:

- Facilita la transición y el cambio cultural hacia un enfoque ágil.
- Apoya el desarrollo de equipos autogestionados y autónomos.
- Aumenta la eficiencia y flexibilidad a nivel organizacional.

Estas metodologías permiten a los líderes y a sus equipos ser más flexibles, adaptarse rápidamente a los cambios y responder a las demandas del negocio de manera expedita y efectiva.

Al equilibrar los objetivos de la organización con las metas personales y profesionales de cada miembro del equipo logramos no solo resultados, sino que también creamos un entorno en el que cada persona se siente valorada y motivada. Este es el núcleo de un liderazgo completo: fomentar el crecimiento de las personas y ayudarlas a alcanzar sus objetivos junto con los de la empresa.

Liderar con balance significa tomar decisiones informadas que consideren tanto el éxito de la organización como el desarrollo individual. Este equilibrio entre entender el negocio y promover la evolución de cada quien es lo que permite un liderazgo integral que inspira y motiva a todos los involucrados.

Reflexión: el balance del liderazgo

1. ¿Cómo puedes integrar el conocimiento de tu negocio en las metas de tu equipo para generar un impacto positivo en los resultados?

Reflexiona sobre cómo puedes alinear las metas personales y profesionales de tu equipo con los objetivos estratégicos de la empresa.

2. ¿Qué herramientas o metodologías ágiles podrías implementar en tu equipo para mejorar la eficiencia y la adaptabilidad?

Considera las técnicas de *Scrum Master*, *Design Thinking* o el enfoque PMP y cómo podrían ayudarte a enfrentar los retos de forma más dinámica y centrada en resultados.

3. ¿Cómo puedes fomentar un ambiente donde el desarrollo personal y el éxito organizacional se alineen?

Piensa en cómo podrías apoyar el crecimiento profesional de tu equipo mientras aseguras que sus esfuerzos contribuyan directamente al logro de los objetivos de la empresa.

05

LA COMUNICACIÓN COMO PILAR DEL LIDERAZGO

La comunicación es la base fundamental del liderazgo efectivo. Un líder que comunica de manera clara y estructurada establece los cimientos para que todos comprendan sus objetivos, propósito e impacto. Esto permite una alineación que lleva a cada miembro a reconocer hacia dónde va y qué papel desempeña en el éxito colectivo. La comunicación eficaz no solo define metas, sino que inspira, motiva y empodera a cada colaborador a contribuir de manera significativa.

Métodos de comunicación efectiva

Exploremos distintos métodos de comunicación que ayudan a establecer una base sólida y a mantener al equipo alineado y motivado:

1. OKRs como herramienta de comunicación abierta

Uno de los métodos más efectivos de comunicación abierta en el liderazgo es la metodología de OKRs (*Objectives and Key Results* o, en español, objetivos y resultados clave). Los OKRs permiten a los líderes definir objetivos claros y medibles que sirven como un punto de referencia para todo el equipo. Más allá de ser una herramienta de gestión, los OKRs son una poderosa forma de transmitir expectativas y alinear al equipo en una meta común.

La transparencia en los OKRs garantiza que cada integrante del equipo comprenda claramente las metas de la organización, las expectativas de su desempeño y cómo su trabajo contribuye al éxito global. Al ser visibles y accesibles, los OKRs promueven una cultura de responsabilidad compartida y permiten que todos tengan claridad sobre la dirección en la que se avanza. Los detalles sobre cómo implementar esta metodología se exponen en el capítulo 6.

2. Escucha activa

La escucha activa es esencial para entender las preocupaciones, ideas y perspectivas de las personas en el equipo. Consiste en escuchar con plena atención, sin interrupciones, y responder con empatía y comprensión. Al practicar la escucha activa:

- Mantén contacto visual y usa señales no verbales para mostrar que estás presente.
- Reformula lo que el interlocutor ha dicho para confirmar que has entendido.
- Evita juzgar o interrumpir, creando un ambiente de apertura y respeto.

3. Reuniones uno a uno

Las reuniones individuales son una excelente oportunidad para fortalecer la relación con cada miembro del equipo. Estos encuentros permiten brindar retroalimentación personalizada, conocer los desafíos que enfrenta cada persona y ofrecer apoyo de manera específica. Durante estas reuniones:

- Establece la agenda para asegurar que se traten los temas críticos, dejando espacio para otros temas.
- Fomenta un ambiente de confianza donde el colaborador se sienta cómodo compartiendo sus inquietudes.
- Discute tanto el progreso en los proyectos como el desarrollo personal y profesional.
- Da seguimiento a temas importantes para demostrar un interés genuino en el crecimiento de cada uno.

4. Canales de comunicación clara y estructurada

Establecer canales claros de comunicación es fundamental para evitar malentendidos y asegurar que todos reciban la información que necesitan. Un buen líder sabe cuándo es mejor usar el correo electrónico, la mensajería instantánea o convocar a una reunión. Considera los siguientes medios:

- **Correo electrónico**

Ideal para actualizaciones formales, informes y detalles que necesitan ser documentados.

- **Mensajería instantánea**

Útil para preguntas rápidas y comunicaciones informales.

- **Reuniones de equipo**

Perfectas para discutir temas importantes, establecer objetivos y resolver problemas complejos.

5. Transparencia y alineación de expectativas

La transparencia en las metas y expectativas es clave para asegurar que todos comprendan el objetivo común. Es importante tener espacios para alinear metas e intereses. Una comunicación clara evita confusiones y permite al equipo trabajar con enfoque y alineación. Recomiendo que como parte del proceso de alineación de objetivos se comparta el propósito detrás de las metas.

Cuando los equipos de trabajo entienden el porqué de las cosas y la importancia se fomenta una conexión que motiva a cada miembro a contribuir de manera significativa. Es natural articularnos con las cosas entendemos y de las que nos sentimos parte, por eso es crucial informar el propósito de los objetivos. Esto contribuirá a tener equipos que se sientan responsables de los resultados organizacionales.

6. Comunicación escalonada: activa y estructurada

La metodología de comunicación escalonada es una práctica estructurada de reuniones que permite a los líderes mantenerse en contacto constante con los diferentes niveles del equipo, comprendiendo directamente sus avances, retos y necesidades. A través de estas reuniones regulares los líderes pueden realizar revisiones rápidas del progreso, identificar obstáculos y fomentar un trato continuo y transparente.

Esta metodología, combinada con reuniones uno a uno y sesiones grupales, crea un sistema de comunicación sólido y efectivo. Las reuniones escalonadas permiten a cada nivel del equipo compartir el estado de los proyectos y desafíos en un formato claro y estructurado mientras que los encuentros individuales ofrecen un espacio para abordar temas específicos de cada persona.

Este enfoque asegura que todos estén alineados y que cada miembro tenga claridad sobre sus responsabilidades, así como también su contribución al logro de los objetivos. En el capítulo 7 se discuten más detalles de esta metodología.

7. Comunicación de retroalimentación constructiva

La retroalimentación es crucial para el desarrollo continuo del equipo. Cuando se proporciona de manera adecuada, la retroalimentación constructiva mejora el desempeño sin desmotivar. Para brindarla efectivamente:

- **Sé específico**

Menciona ejemplos concretos para que el colaborador entienda claramente lo que debe mejorar.

- **Sé equilibrado**

Combina comentarios positivos con áreas de mejora.

- **Sé oportuno**

Da la retroalimentación en un momento cercano a la situación para que sea más relevante y útil.

8. Uso de preguntas abiertas

Las preguntas abiertas son una herramienta poderosa para fomentar el diálogo y obtener una comprensión profunda de las perspectivas del equipo. Al utilizar preguntas abiertas permites que los colaboradores reflexionen y expresen sus ideas y sentimientos. Ejemplos de preguntas abiertas:

- ¿Qué piensas que podríamos mejorar en este proceso?
- ¿Cómo te sientes respecto a este proyecto?
- ¿Qué desafíos has encontrado y cómo los has enfrentado?

9. Comunicación no verbal

La comunicación no verbal, como el lenguaje corporal, el tono de voz y las expresiones faciales son fundamentales para complementar las palabras. Los líderes deben ser conscientes de su lenguaje corporal para asegurarse de que su mensaje sea claro y coherente. Algunos consejos para mejorar la comunicación no verbal incluyen:

- Mantener una postura abierta y receptiva.
- Utilizar gestos para reforzar tus palabras y mostrar interés.
- Mantener un tono de voz amigable y profesional.

La importancia de la comunicación constante

La comunicación no debe restringirse a momentos específicos, como reuniones o revisiones. Debe ser un flujo continuo que facilite el intercambio de ideas, la resolución de problemas y la adaptación a los cambios. Los líderes deben fomentar una cultura de comunicación abierta y constante. La comunicación efectiva es el corazón del liderazgo. Cuando los líderes la priorizan de manera clara y continua no solo mejoran la productividad y la eficiencia, sino que también fortalecen la moral y la cohesión del equipo.

Implementando métodos como los OKRs para definir objetivos claros y medibles, la escucha activa, reuniones uno a uno, la transparencia, la retroalimentación constructiva y la comunicación escalonada, los líderes pueden crear un entorno de trabajo positivo que estará alineado con los objetivos de la organización y ayudará a cada empleado a alcanzar su máximo potencial, lo que beneficia el éxito colectivo.

Este enfoque en la comunicación es esencial para cualquier líder que desee ser una fuente de inspiración y motivación para su equipo, ayudando a cada miembro a crecer y a contribuir en la consecución.

Reflexión: la comunicación como pilar del liderazgo

1. **¿Qué tan claro y específico eres al comunicar los objetivos a tu equipo?**

Reflexiona sobre la claridad de tus mensajes y cómo podrías hacer que las metas sean aún más comprensibles y motivadoras para todos.

2. **¿Conoces a tu equipo, los objetivos de negocio y su rol para lograrlos?**

Considera si cada colaborador entiende su contribución al éxito general y cómo podrías mejorar la comprensión de su importancia en el logro de los propósitos.

3. **¿Cómo puedes mejorar tu rol en la comunicación para asegurar que cada miembro de tu equipo esté completamente alineado con la visión y los objetivos de la organización?**

Piensa en los pasos que podrías tomar para fortalecer tu comunicación y garantizar que todos se sientan alineados y comprometidos con la misión compartida.

06

INTRODUCCIÓN A LOS OKRS: UN SISTEMA PARA ALCANZAR METAS CLARAS Y MEDIBLES

En el mundo empresarial la claridad y el enfoque son esenciales para lograr resultados significativos. Los OKRs (*Objectives and Key Results*) son una metodología ampliamente adoptada por las empresas para definir y medir el progreso hacia objetivos específicos. Este sistema permite a los equipos y a la organización en su conjunto alinear sus esfuerzos, enfocar sus energías y medir el éxito de manera efectiva.

Si nunca has implementado OKRs, este capítulo te proporcionará una guía paso a paso para que comprendas su funcionamiento y cómo pueden asistirte en la definición y consecución de tus metas con mayor precisión.

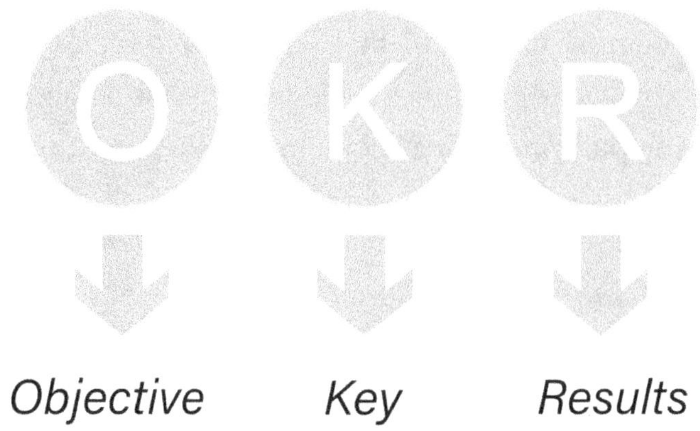

¿Qué son los OKRs?

Los OKRs son una metodología de trabajo que ayuda a establecer metas claras y medibles. El proceso se divide en dos partes:

1. *Objective* (objetivo)

El «qué» o lo que queremos lograr. Es una meta clara y aspiracional que proporciona una dirección a seguir. Los objetivos deben ser inspiradores, específicos y estar alineados con la misión de la organización o del equipo.

2. *Key results* (resultados clave)

El «cómo» sabemos si hemos alcanzado el objetivo. Los *key results* son métricas específicas y cuantificables que permiten medir el progreso hacia la meta. Cada objetivo suele tener entre dos y cinco resultados clave, los cuales deben ser lo suficientemente ambiciosos para motivar un cambio positivo y un esfuerzo adicional.

Ejemplo de un OKR simple:

Objetivo: aumentar la satisfacción del cliente.

- **Resultado clave 1**

Lograr un puntaje de satisfacción del cliente (NPS) de 90 o superior.

- **Resultado clave 2**

Reducir el tiempo de respuesta promedio en servicio al cliente a menos de dos horas.

- **Resultado clave 3**

Implementar tres nuevas iniciativas de capacitación para el equipo de servicio al cliente en el trimestre.

En este ejemplo el objetivo proporciona una dirección clara: «aumentar la satisfacción del cliente», mientras que los resultados clave son las métricas que te indican si estás avanzando hacia ese objetivo.

Paso a paso para crear OKRs efectivos

Para empezar a usar OKRs sigue estos pasos:

1. Define el objetivo

Este debe ser claro, inspirador y estar alineado con la misión del equipo o de la organización. Es importante que sea aspiracional, es decir, que represente un reto, pero sin ser inalcanzable.

Ejemplo: ser reconocidos como líderes en innovación dentro de nuestro sector impulsando nuevas ideas, tecnologías y procesos que agreguen valor a la empresa y a nuestros clientes.

Este objetivo motiva al equipo a pensar de manera creativa y aspirar a un alto estándar de excelencia.

2. Establece los resultados clave

Una vez definido el objetivo, identifica de dos a cinco resultados clave que sean cuantificables y que, al lograrlos, demuestren que el objetivo se ha alcanzado. Los *key results* deben ser medibles para que puedas evaluar el progreso objetivamente. Al ser ambiciosos, también deben representar un reto.

Ejemplo: para el objetivo «ser reconocidos como líderes en innovación dentro de nuestro sector, impulsando nuevas ideas, tecnologías y procesos que agreguen valor a la organización y a nuestros clientes», los resultados clave podrían incluir:

- Lanzar tres nuevas iniciativas de innovación (productos, procesos o servicios) que resuelvan problemas específicos del negocio o mejoren la eficiencia.

- Implementar una plataforma interna de ideas y propuestas con una participación del 70 % de los empleados en los primeros seis meses.

- Obtener un reconocimiento externo por innovación o excelencia dentro del sector (premios, menciones en medios o asociaciones relevantes) al finalizar el año.

- Lograr una mejora del 25 % en los indicadores de eficiencia operativa mediante la adopción de nuevas tecnologías o procesos.

- Crear un programa piloto de formación en innovación con un 80 % de asistencia y satisfacción entre empleados clave.

3. Haz un seguimiento regular de los OKRs

Es importante revisar de manera periódica el progreso de tus OKRs, ya sea semanal, quincenal o mensualmente. Evalúa qué tan cerca estás de lograr los resultados clave y si el objetivo sigue siendo relevante. Los OKRs están diseñados para ser flexibles, por lo que puedes ajustarlos si es necesario.

Una manera sencilla de hacer seguimiento es asignar un porcentaje de cumplimiento a cada *key result* (por ejemplo, 0 % si no se ha iniciado, 50 % si está a la mitad, 100 % si está completado). Esto te permitirá tener una visión clara de tu avance hacia el objetivo.

4. Evalúa y aprende al final del periodo

Al final del trimestre o del periodo designado, realiza una revisión completa de tus OKRs. Mide los resultados alcanzados y analiza las lecciones aprendidas. Reflexiona sobre qué funcionó y qué se puede mejorar en el próximo ciclo. Este análisis es fundamental para que puedas ajustar tus estrategias y mantener la motivación del equipo.

Consejos para implementar OKRs de manera efectiva

• Mantén los OKRs simples y enfocados

Estos deben ser claros y concisos. Evita tener demasiados objetivos y asegúrate de que cada uno esté sintonizado con las prioridades del equipo o de la organización.

• Sé ambicioso pero realista

Aunque los OKRs deben representar un reto, asegúrate de que sea alcanzable. La clave está en encontrar un equilibrio entre lo ambicioso y lo sensato.

- **Comunica los OKRs a todo el equipo**

La transparencia es esencial. Asegúrate de que todos los implicados en el proceso comprendan los OKRs y cómo sus contribuciones individuales ayudan a alcanzar el objetivo común.

- **Usa herramientas para el seguimiento de OKRs**

Asegúrate de usar herramientas que te ayuden a facilitar el seguimiento de los OKRs y que permitan que todos los miembros del equipo accedan a ellos fácilmente.

Beneficios de los OKRs para el equipo y la organización

Implementar OKRs ofrece múltiples beneficios, entre ellos:

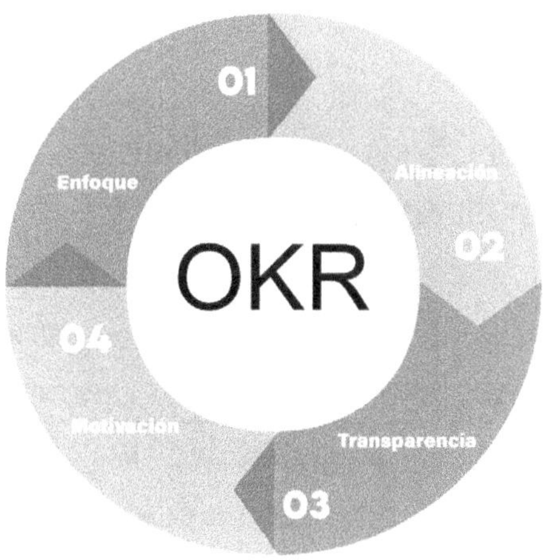

- **Enfoque**

Los OKRs ayudan a los colaboradores a concentrarse en las metas más importantes, con lo se evita la dispersión de esfuerzos en tareas de menor prioridad.

- **Alineación**

Facilitan el empalme entre los diferentes niveles de la organización, de modo que todos trabajen hacia el mismo fin.

- **Transparencia**

Al definir y comunicar los OKRs todos los integrantes del equipo tienen una visión clara de las prioridades y saben cómo su trabajo contribuye a los objetivos generales.

- **Motivación**

Los OKRs son ambiciosos y fomentan un sentido de entusiasmo y logro al ofrecer claramente un propósito y una dirección.

Los OKRs son una herramienta poderosa para transformar la forma en que trabajas y alcanzas tus metas. Al definirlas claramente y tener resultados medibles los OKRs brindan a los líderes y a sus equipos un marco sólido para alcanzar un alto rendimiento. Ya sea que estés empezando con OKRs o que busques perfeccionar tu enfoque, recuerda que el éxito de este sistema radica en la precisión, la ambición y el seguimiento continuo.

El siguiente cuadro sirve de ejemplo para que comiences a familiarizarte con la manera de estructurar los OKRs. Una vez que te habitúes al formato recomiendo utilizar herramientas digitales para manejar los OKRs, algunas recomendaciones son: Trello, Tability o Asana.

Formato tabla de OKR

Nombre de la compañia/ Departamento

				Meta			Actual					
Objetivo	Resultado clave	Iniciativas	Responsable	Meta anterior (alcanzada)	Meta actual	Meta extendida	T1	T2	T3	T4	AAL	Estatus

Reflexión: introducción a los OKRs, un sistema para alcanzar metas claras y medibles

1. **¿Cuenta tu equipo con un sistema claro y visible para establecer y lograr objetivos medibles?**

Reflexiona sobre los métodos actuales para establecer objetivos y considera cómo podrías fortalecer la claridad y visibilidad de estas metas para asegurar un enfoque compartido.

2. **¿Están los OKRs de tu equipo alineados con los objetivos generales de la organización?**

Piensa en la conexión entre los objetivos de tu equipo y los de la organización y en cómo podrías mejorar esta alineación para maximizar el impacto de cada meta.

3. **¿Qué tan transparente eres en la comunicación de los objetivos y resultados y qué podrías hacer para mejorar la visibilidad de los OKRs dentro del equipo?**

Evalúa la claridad con la que compartes los objetivos y avances de los OKRs con tu equipo y considera formas de aumentar el entendimiento y el compromiso de todos los miembros.

07

METODOLOGÍA DE COMUNICACIÓN ESCALONADA

Este método es una práctica diseñada para mantener una comunicación fluida y continua en todos los niveles de la organización con el fin de promover la excelencia operativa. Esta estructura de reuniones permite a los líderes estar en contacto regular con sus equipos y facilita la identificación de problemas, el monitoreo de avances y el fortalecimiento de la alineación organizacional.

¿Cómo funciona la metodología de comunicación escalonada?

Está compuesta por reuniones estructuradas en niveles o *tiers* que escalan desde equipos de trabajo hasta la alta dirección. Cada nivel de la organización tiene una reunión programada en la que se abordan temas específicos, desde el estado de las operaciones diarias hasta la estrategia organizacional a largo plazo. Cada equipo en su nivel de reunión tiene la autonomía de ver ciertos temas específicos de los cuales son responsables, asegurando resolver las situaciones de forma ágil y solo elevar las decisiones y problemas necesarios.

Esta metodología asegura una alineación en la que los equipos tienen estructurados sus proyectos y responsabilidades para evitar lo que en ocasiones ocurre: la duplicidad de tareas en diferentes niveles. Además, redefine el rol del líder, posicionándose como una fuente clave de información en lugar de únicamente un tomador de decisiones. Este cambio de enfoque es esencial para empoderar a los equipos, promoviendo la autonomía y la responsabilidad compartida en la resolución de problemas. Cuando los líderes modelan este comportamiento las reuniones dejan de ser espacios centrados en la dependencia jerárquica y se transforman en plataformas para decisiones ágiles e informadas, lo que maximiza el impacto organizacional.

Por otra parte, esta práctica permite al líder identificar y reforzar comportamientos de alto valor en el equipo, como el uso de metodologías efectivas de resolución de problemas, investigaciones exhaustivas y la presentación de soluciones viables y bien pensadas. Al premiar y reconocer estas conductas, el líder no solo eleva el estándar operativo, sino que también crea una cultura de excelencia y proactividad en la que cada miembro aspira a aportar soluciones, no solo problemas.

Por último, el líder desempeña un papel crítico como mediador estratégico en situaciones de desacuerdo. Su capacidad para guiar las conversaciones hacia consensos efectivos asegura que las reuniones sean herramientas de alineación y progreso, lo que evita que se conviertan en debates improductivos. Este enfoque fortalece el propósito de la metodología e impulsa la colaboración, la eficacia y el logro de resultados tangibles.

Reglas fundamentales de la metodología de comunicación escalonada

Para garantizar la eficacia y el propósito estratégico de las reuniones es fundamental establecer reglas claras que fomenten la productividad, el enfoque y la colaboración. A continuación, se presentan las *ground rules* clave con algunas adiciones estratégicas para maximizar su impacto:

1. Puntualidad obligatoria	Esto asegura que el tiempo de la reunión sea utilizado de manera eficiente y refuerza la importancia de respetar los compromisos grupales.
2. Duración efectiva	Las reuniones deben tener una duración de entre 30 y 45 minutos. Esto obliga a mantener un enfoque claro y evita la pérdida de tiempo en discusiones innecesarias.

3. Evitar el síndrome de HiPO (*Highest Paid Opinion*)	La opinión del líder o del participante con mayor rango no debe ser la primera compartida ni la que automáticamente tenga más peso. Esto promueve una verdadera diversidad de ideas y asegura que las decisiones estén basadas en el mérito y no en la jerarquía.
4. Participación activa y democrática	Todos los participantes deben contribuir, incluso si es solo para reportar que no tienen actualizaciones en su área. Cada miembro debe tener un rol definido, fomentando una «democracia participativa» que involucre activamente a todo el equipo y permita que todos entren en escena.
5. Rol de *time keeper*	Es crucial asignar a un responsable del tiempo para garantizar que la reunión termine puntualmente. Las reuniones no deben utilizarse para resolver problemas en su totalidad, sino para identificar cuestiones clave, asignar responsables y definir áreas que colaborarán en su resolución.

6. Evitar conversaciones paralelas	Una sola reunión debe ser el espacio donde ocurren todas las discusiones relacionadas. Las conversaciones al margen diluyen el foco y afectan la cohesión del grupo.
7. Prohibir el uso de celulares y distracciones	La atención plena es crítica. En un entorno donde los recursos son constantemente bombardeados por correos, mensajes en Teams, textos y redes sociales, es esencial minimizar la «división cognitiva». Esto garantiza que todos estén completamente presentes, mejorando la calidad de las soluciones y el enfoque en la discusión.
8. Claridad en la agenda y el propósito	Cada reunión debe comenzar con una agenda clara y un propósito definido. Esto alinea a los participantes en torno a los objetivos y asegura que el tiempo invertido sea productivo.

9. Respetar las perspectivas de todos	Fomentar un ambiente donde todas las voces sean escuchadas, independientemente de la jerarquía o la experiencia, para crear un entorno inclusivo y fortalecer la colaboración.
10. Cerrar con acciones claras	Cada reunión debe terminar con una lista de acuerdos, responsables asignados y tiempos definidos para las siguientes acciones. Esto asegura que las discusiones se traduzcan en avances concretos.

Estas reglas no solo estructuran las reuniones, sino que también refuerzan la cultura de enfoque, productividad y respeto, lo que maximiza el impacto de la metodología en toda la organización.

Ventajas de las reuniones escalonadas

1. Monitoreo continuo del progreso

Estas reuniones facilitan el seguimiento del progreso de los proyectos en todos los niveles, lo que permite detectar rápidamente cualquier desviación de los objetivos. Las revisiones regulares facilitan que los líderes ajusten estrategias y redistribuyan recursos de manera inmediata para asegurar que se mantenga el rumbo adecuado.

2. Identificación y solución de problemas en tiempo real

Manteniendo un contacto constante con el equipo los líderes pueden identificar obstáculos operativos o de recursos de manera rápida y estructurada. Esto minimiza el riesgo de que pequeños problemas se conviertan en grandes desafíos y fomenta una cultura de solución proactiva.

3. Alineación y comunicación de objetivos

Las reuniones escalonadas garantizan que cada nivel esté alineado con los objetivos generales de la organización. Estos encuentros permiten abordar temas relevantes en un contexto más amplio, ayudando a comprender cómo su trabajo contribuye a la misión y objetivos en común.

4. Claridad en roles y responsabilidades

La estructura de estas reuniones ofrece un foro en el que cada miembro puede comunicar sus progresos y necesidades de manera formal. Esto refuerza el entendimiento de las responsabilidades individuales y colectivas y asegura que todos estén en sintonía en su rol dentro del equipo.

5. Espacio para la retroalimentación y el crecimiento personal

Además de los temas operativos, las reuniones también pueden dedicar un momento para reflexionar sobre el rendimiento y el desarrollo del equipo. Los líderes pueden aprovechar esta oportunidad para reconocer logros y ofrecer retroalimentación constructiva que impulse el desenvolvimiento profesional.

Cómo implementar la metodología de la comunicación escalonada

1. Definir la estructura de los niveles (*tiers*)

Determina cuántos niveles de reunión son necesarios para tu organización, desde reuniones diarias de equipo hasta reuniones semanales o mensuales con la alta dirección.

2. Establecer un orden del día y un enfoque claro para cada nivel

Cada *tier* debe tener una agenda específica y una estructura que permita revisar temas clave para ese nivel, ya sea operaciones diarias, revisión de objetivos estratégicos o planificación de recursos.

3. Documentación y seguimiento de acuerdos

Cada reunión debe incluir una revisión de los acuerdos y tareas pendientes con respecto a la anterior, lo que permite que todos los niveles tengan un seguimiento claro y se asegure la rendición de cuentas.

4. Escalar temas críticos

Los temas importantes que no se resuelvan en un nivel pueden elevarse al siguiente para asegurar que cada problema reciba la atención adecuada según su prioridad y relevancia.

5. Mantener la constancia y la regularidad

La clave de la metodología es la periodicidad y la consistencia en las reuniones. Esto establece una cultura de comunicación abierta y hace que cada miembro espere y se prepare para estos encuentros, lo que mejora la eficiencia y la efectividad de la operación.

Integración con otras prácticas de comunicación

La metodología de comunicación escalonada, combinada con reuniones uno a uno, OKRs y sesiones grupales establece un sistema de comunicación sólido y efectivo. Las reuniones escalonadas ofrecen un espacio estructurado y organizado para discutir el estado de los proyectos y los desafíos operativos en distintos niveles, mientras que los encuentros individuales abordan temas específicos de cada persona en un entorno más privado. Este enfoque integral garantiza que el equipo esté alineado, y que cada colaborador comprenda su rol y su contribución al éxito de los objetivos de la organización.

En conjunto, este sistema promueve una cultura organizacional centrada en la transparencia, la colaboración y la eficiencia, en la que cada miembro se siente apoyado y empoderado para desempeñar su mejor papel dentro del equipo.

Reflexión: metodología de comunicación escalonada

1. **¿Cómo puedes ajustar la estructura de tus reuniones para que cada nivel de tu equipo esté alineado y enfocado en los objetivos comunes de la organización?**

Reflexiona sobre la claridad y frecuencia de tus reuniones y considera qué cambios podrías implementar para optimizar la comunicación y la conformidad en todos los niveles.

2. **¿Estás identificando y resolviendo de manera efectiva los obstáculos que surgen en cada nivel de tu equipo?**

Piensa en las herramientas y métodos que usas actualmente para detectar y resolver problemas y evalúa si la metodología de reuniones escalonadas es capaz mejorar tu capacidad de respuesta.

3. **¿Qué pasos podrías dar para fomentar una cultura de comunicación abierta y responsabilidad compartida mediante la metodología de reuniones escalonadas?**

Considera cómo es posible para ti implementar esta práctica que asegure que todos los miembros del equipo se sientan escuchados y comprometidos con los objetivos colectivos para promover la excelencia operativa.

08

LIDERAZGO EMPÁTICO: EL PODER DE PONERSE EN EL LUGAR DEL OTRO

La empatía es una habilidad fundamental en el liderazgo que refuerza la conexión y el compromiso con el equipo. Ser un líder empático va más allá de escuchar y comprender; implica también actuar con una perspectiva genuina de apoyo y desarrollo hacia los demás. **Es esencial distinguir entre empatía y simpatía:** la primera nos permite conectar con las experiencias ajenas, mientras que la segunda se limita a sentir compasión sin necesariamente comprender o actuar.

La importancia de la empatía en el liderazgo

Un líder empático tiene la capacidad de identificar los desafíos y motivaciones de su equipo para fomentar una relación de confianza y responsabilidad. Sin embargo, la empatía en el liderazgo no se reduce a «ponerse en el lugar del otro»; también implica tomar decisiones que consideren el bienestar y crecimiento de todos en armonía con los objetivos de la organización. Un liderazgo empático crea un ambiente donde las personas se sienten valoradas, lo cual repercute positivamente en su productividad, creatividad y lealtad.

Diferenciando empatía de complacencia

Es común confundir empatía con complacencia, pero ser un líder empático no significa decir «sí» a todo para evitar conflictos o buscar la aprobación de quienes lo rodean. La verdadera empatía en el liderazgo implica comprender las emociones y perspectivas del equipo, manteniendo la claridad en los objetivos y tomando decisiones difíciles cuando sea necesario. Mientras que la complacencia puede debilitar la dirección del equipo y generar expectativas poco realistas, la empatía efectiva reconoce los límites y se centra en un equilibrio saludable entre el bienestar del equipo y los resultados organizacionales.

Un líder empático garantiza que cada colaborador se sienta comprendido y valorado, sin perder de vista los estándares de rendimiento y los límites necesarios para el éxito. La clave está en saber cuándo ser flexible y cuándo es esencial mantenerse firme, comunicando estas decisiones de manera respetuosa y clara para que el equipo comprenda las razones detrás de cada acción. Establecer expectativas y mantener límites es fundamental para construir una cultura de respeto y confianza.

Al mostrar empatía sin caer en la complacencia, el líder empático promueve una dirección sólida y un ambiente donde cada persona entiende sus responsabilidades y siente que su bienestar es una prioridad equilibrada con el logro de las metas.

Estrategias para desarrollar el liderazgo empático

A continuación, algunas estrategias prácticas para cultivar la empatía en el liderazgo sin sacrificar la firmeza y la claridad en los límites:

1. Escucha activa y preguntas poderosas

La escucha activa implica no solo escuchar palabras, sino captar emociones y comprender contextos. Haz preguntas abiertas para profundizar en los sentimientos y perspectivas de los miembros del equipo. Ejemplo: «¿Qué aspectos específicos de este proyecto te entusiasman o te preocupan?» o «¿cómo puedo apoyarte para que te sientas más cómodo en este reto?».

2. Observación de lenguaje corporal y emociones

La empatía también requiere captar las señales no verbales, como la postura, el tono de voz y las expresiones faciales. Esto puede revelar emociones que no se expresan con palabras, lo que permite abordar de manera más personalizada las necesidades del equipo.

3. Practica la validación emocional

Es fundamental que el equipo se sienta escuchado y entendido. Validar sus emociones significa reconocer lo que sienten sin juzgar ni intentar resolver todo de inmediato. Frases como «entiendo que esto puede ser frustrante para ti» o «parece que este proyecto te está resultando un reto, ¿cómo podemos abordarlo juntos?» ayudan a crear una atmósfera de apoyo.

4. Realiza «chequeos» regulares del estado emocional

Además de los espacios de seguimiento de tareas, lleva a cabo controles internos en los que cada persona pueda expresar cómo se siente en su rol y en sus proyectos actuales. Esto permite identificar problemas antes de que se conviertan en conflictos o en barreras de rendimiento.

5. Establece expectativas y límites claros

Ser empático no significa permitir todo. Un buen líder establece escenarios posibles de manera clara y equitativa desde el principio, comunicando los límites firme y respetuosamente. Explica al equipo por qué ciertas decisiones son necesarias y cómo benefician a la organización, manteniendo un equilibrio entre la comprensión y el enfoque en los resultados.

6. Haz concesiones cuando sea posible y mantente firme

La empatía también implica reconocer cuándo puedes ser flexible y cuándo es esencial mantener una posición determinada. Explica las razones detrás de tus decisiones para que todos comprendan la importancia de seguir ciertas directrices.

7. Capacita en la autogestión y la resiliencia

Un líder empático ayuda a su equipo a desarrollar herramientas para enfrentar desafíos y gestionar sus emociones. Facilita sesiones de desarrollo en las que los colaboradores aprendan técnicas de autogestión y resiliencia, de modo que no dependan enteramente del líder para superar dificultades, sino que fortalezcan su propio manejo emocional. Siempre digo que un líder se prueba en su ausencia, en la capacidad de su equipo para continuar funcionando en aquellos espacios en los que tenga que estar ausente, ya sea por vacaciones, viajes de negocios u otras razones.

8. Aprovecha la retroalimentación constructiva

La empatía no significa evitar retroalimentación o ignorar áreas de mejora. Al contrario, un líder empático proporciona retroalimentación de manera constructiva y respetuosa, ayudando al equipo a ver sus oportunidades de crecimiento y a mejorar sin que se sientan atacados o desmotivados. Una retroalimentación empática se enfoca en el comportamiento y en cómo mejorar, no en críticas personales. De igual forma, un líder debe buscar espacios constantes para recibir retroalimentación y trabajar en los mismos para liderar con el ejemplo.

9. Muestra vulnerabilidad cuando sea apropiado

Compartir tus propios desafíos y aprendizajes de manera abierta cuando sea relevante humaniza al líder y fomenta una cultura de empatía y transparencia. Mostrar vulnerabilidad en los momentos adecuados es un ejemplo de que es posible cometer errores, aprender de ellos y crecer.

Recuerdo una ocasión al inicio de mi carrera en la que fallé en una tarea. Mi líder, en lugar de señalarlo directamente, me entregó un papel con tres preguntas:

- ¿Qué falló?
- ¿Qué puedes implementar para cambiar el rumbo y lograr el resultado?
- ¿Qué puedes hacer diferente la próxima vez?

Después de reflexionar, me acerqué para compartir mis respuestas. Su reacción fue inesperada pero poderosa: «Solo implementa la estrategia que analizaste. Yo también he fallado en el pasado; lo importante es resolver y aprender del error». Esa mezcla de mostrarse vulnerable y su voto de confianza fue una lección invaluable de empatía y motivación. Me hizo querer ser mejor.

Enseñar a través de nuestros aciertos y desaciertos es igual de valioso, porque al final ambos son aprendizajes que nos permiten crecer y ayudar a otros a hacer lo mismo.

10. Mantén la perspectiva del bienestar general del equipo

La empatía en el liderazgo no solo considera las necesidades individuales, sino el bienestar colectivo. Al tomar decisiones, un líder empático evalúa cómo estas impactan en la cohesión, la carga de trabajo y la dinámica de los colaboradores. Esto implica que, en ocasiones, priorizarás el beneficio del equipo por encima de una preferencia individual.

Beneficios de practicar un liderazgo empático pero firme

Cuando los líderes logran implementar empatía sin caer en complacencia, los beneficios para el equipo y la organización son profundos.

- **Mejora la comunicación y reduce los conflictos**

La empatía permite comprender y abordar problemas antes de que se conviertan en conflictos mayores, lo que promueve una comunicación abierta y constructiva.

- **Incrementa la motivación y el compromiso**

Los colaboradores se sienten valorados y escuchados y esto genera un sentido de pertenencia y cumplimiento con el equipo y la organización.

- **Fomenta la resiliencia y la confianza**

Un equipo que se siente apoyado y respetado se vuelve más resiliente frente a los cambios y retos y confía en que su líder tiene en cuenta tanto sus necesidades como las de la empresa.

- **Promueve el desarrollo personal y profesional**

Un líder empático proporciona un ambiente donde los colaboradores pueden crecer y desarrollar sus habilidades, sabiendo que serán guiados con respeto y sin juicios.

- **Aumenta la productividad y la eficiencia**

Los equipos con líderes empáticos tienden a ser más eficientes y productivos, porque trabajan en un ambiente donde las necesidades y expectativas están equilibradas y las metas están claras.

El liderazgo empático es una poderosa herramienta que permite guiar con compasión y firmeza para crear un entorno donde los colaboradores se sientan comprendidos y valorados. La empatía en el liderazgo es la capacidad de escuchar y comprender profundamente, pero también de saber establecer límites que promuevan el progreso personal y profesional del equipo. No se trata de evitar decisiones difíciles ni de complacer a todos, sino de liderar con integridad, balance y consideración por las responsabilidades.

En última instancia, el liderazgo empático genera un impacto duradero. No solo permite alcanzar los objetivos de la organización, sino que también transforma la experiencia laboral de cada persona y convierte el lugar de trabajo en un espacio de crecimiento y respeto. Este implica crear una cultura de apoyo mutuo donde cada compañero se siente motivado a alcanzar su máximo potencial gracias a una figura que comprende, escucha y orienta.

Reflexión: liderazgo empático, el poder de ponerse en el lugar del otro

1. **¿De qué manera practicas la empatía en tu día a día como líder y qué técnicas podrías adoptar para fortalecer esta habilidad?**

Reflexiona sobre tus acciones diarias y piensa en métodos que podrías implementar para mejorar tu capacidad de entender y conectar con las emociones y perspectivas de tu equipo.

2. **¿Cómo comprendes los desafíos personales y profesionales de cada miembro de tu equipo?**

Considera cuán profundamente conoces las circunstancias individuales de tus colaboradores y cómo este conocimiento influye en tus decisiones y en el apoyo que les brindas.

3. **¿Cómo puedes equilibrar el bienestar de tu equipo con los objetivos de la organización, manteniendo siempre una visión empática en tu liderazgo?**

Reflexiona sobre cómo logras este balance actualmente y en qué aspectos podrías ajustar tu enfoque para crear un entorno en el que los colaboradores se sientan valorados y motivados.

09

LA IMPORTANCIA DEL RECONOCIMIENTO Y LA CELEBRACIÓN DE LOGROS

El reconocimiento es otra herramienta poderosa para mantener a los equipos motivados, comprometidos y enfocados en el éxito. Celebrar los logros de manera sincera y continua crea un ambiente de trabajo positivo en el que los colaboradores se sienten valorados y entusiasmados. Un líder eficaz entiende que cada persona desea que sus esfuerzos y alcances sean reconocidos. Sin embargo, no se trata solo de hacer una felicitación rápida; es fundamental que sea específica, genuina y personalizada.

Reconocer y celebrar los resultados no solo refuerza comportamientos positivos, sino que también fortalece la cultura organizacional, haciendo del entorno laboral un espacio donde el esfuerzo, el talento y la dedicación son continuamente apreciados. En esta sección exploraremos diversas estrategias de reconocimiento, que van desde pequeños gestos hasta programas formales, y cómo implementarlas de manera efectiva para maximizar su impacto.

Estrategias de reconocimiento y celebración de logros

1. Reconocimiento individual

Tiene un impacto profundo, porque valora y destaca las contribuciones únicas de cada persona, lo que la ayuda a sentirse apreciada y vista en su rol. Este tipo de reconocimiento debe ser específico y oportuno, resaltando los detalles concretos del esfuerzo que se desea reconocer.

Ejemplo: supongamos que Ana, una miembro del equipo, se destacó en la organización y atención a los detalles en un proyecto. En lugar de simplemente decir: «*Buen trabajo*», puedes ser más específico y decir algo como:

«Ana, muchas gracias por tu increíble dedicación a los detalles en este proyecto. Tu capacidad para prever cada aspecto con tanta precisión fue fundamental para que lo completáramos sin contratiempos. Sin duda, tu aporte elevó la calidad de nuestro trabajo y no pasó desapercibido por nadie. ¡Bien hecho!».

¿Cómo hacerlo efectivamente?

- **Sé específico**

Menciona la acción o habilidad exacta que contribuyó al éxito.

- **Reconoce a tiempo**

Asegúrate de que sea poco después del logro para mantener la relevancia.

- **Hazlo personal**

Usa el nombre de la persona y detalla cómo su contribución impactó positivamente al equipo o a la organización.

Estas acciones crean un impacto profundo, ya que el colaborador se siente valorado por su talento y esfuerzo específicos, lo que fortalece su motivación y manera de involucrarse.

2. Reconocimiento público

Esta acción refuerza el sentido de pertenencia y promueve una cultura de apoyo mutuo. El reconocimiento público no solo celebra al individuo, sino que también motiva al equipo al mostrar cuáles comportamientos son valorados en la organización.

Ejemplo: durante una reunión semanal con el equipo, podrías expresarte así:

«Quiero expresar mi sincero agradecimiento a todos por el esfuerzo extra que dedicaron al lanzamiento del producto la semana pasada. En particular, Pedro, tu excelente coordinación con el equipo de ventas fue fundamental para que pudiéramos cumplir con la fecha pautada. Los comentarios positivos que hemos recibido de los clientes son un reflejo directo del compromiso y la dedicación de cada uno de ustedes. ¡Gracias a todos por su excepcional trabajo!».

¿Cómo hacerlo efectivamente?

- **Mantén la celebración breve y sincera**

No necesita ser larga; lo importante es que sea genuina y directa.

- **Da espacio para reacciones positivas**

Permite que otros miembros del equipo se sumen al elogio.

- **Usa reuniones o canales visibles**

Puedes reconocer a un empleado en reuniones grupales, correos o en plataformas de comunicación interna.

El reconocimiento público fortalece el sentido de pertenencia y crea un ambiente de apoyo mutuo donde los logros individuales y colectivos son motivo de orgullo compartido.

3. Celebración de logros en equipo

Cuando el equipo logra un objetivo colectivo, una celebración en conjunto refuerza la cohesión y permite que todos compartan la satisfacción del éxito. Puede ser desde una pequeña reunión informal hasta una actividad juntos.

Ejemplo: tras la finalización de un gran proyecto, puedes organizar una comida o una salida como celebración. Durante la actividad puedes expresar tu reconocimiento diciendo:

«Este proyecto representó un gran desafío y cada uno de ustedes aportó de manera crucial para el éxito que hemos alcanzado. Espero que todos disfruten esta comida como una muestra de mi profundo agradecimiento por todo el esfuerzo y la dedicación que han demostrado. ¡Gracias a todos por su increíble trabajo!».

¿Cómo hacerlo efectivamente?

- **Personaliza la celebración al gusto del equipo**

Si prefieren actividades virtuales, organiza una celebración en línea; si prefieren una salida, organiza una comida o una actividad para que asistan.

- **Hazlo simbólico**

No necesita ser costoso; lo importante es que sea un momento especial para compartir y celebrar en conjunto.

- **Resalta el esfuerzo de todos**

Asegúrate de mencionar cómo cada persona contribuyó a la meta.

Estas celebraciones fomentan la cohesión del equipo y brindan una oportunidad para relajarse y reconectar en un ambiente distinto al laboral.

4. Programas de reconocimiento formal

Implementar un programa de reconocimiento formal crea una estructura continua que valora el esfuerzo y el rendimiento. Programas como «Empleado del mes» o «Equipo del trimestre» brindan renombre a los colaboradores en un formato institucionalizado.

Ejemplo: al final de cada trimestre realiza una ceremonia o anuncio formal donde se reconozca a los empleados que han alcanzado metas sobresalientes o que han demostrado valores esenciales de la organización.

¿Cómo hacerlo efectivamente?

- **Involucra a todo el equipo**

Permite que entre todos propongan candidatos para el reconocimiento.

- **Establece criterios claros**

Define pautas a tomar en cuenta, como el cumplimiento de objetivos, la colaboración, el liderazgo o la innovación.

- **Ofrece reconocimientos significativos**

Puede ser un pequeño bono, un certificado o un espacio destacado en un boletín interno o en la página web de la organización.

Este tipo de programas refuerza la importancia de los logros y establece ejemplos a seguir, destacando comportamientos valorados en la organización.

5. Reconocimiento basado en retroalimentación de clientes o resultados

Compartir comentarios positivos de clientes o resultados de impacto en el equipo es una poderosa forma de resaltar el trabajo que beneficia directamente a la empresa o sus clientes.

Ejemplo: cuando el equipo recibe un comentario positivo de un cliente, compártelo en una reunión y destaca cómo el trabajo de los miembros contribuyó a ese objetivo.

«Este comentario de nuestro cliente resalta la calidad del soporte que estamos brindando. Felicidades a todo el equipo de atención al cliente y en especial a María y Luis, que gestionaron este caso y lograron que el cliente quedara tan satisfecho».

¿Cómo hacerlo efectivamente?

- **Utiliza los comentarios de clientes como refuerzo positivo**

Los comentarios externos refuerzan el valor del trabajo.

- **Muestra el impacto del trabajo en el cliente**

Ayuda al equipo a ver cómo su trabajo afecta positivamente a los clientes.

- **Hazlo un hábito**

Incluye la retroalimentación de clientes regularmente en reuniones para que todos puedan apreciar el impacto de su esfuerzo.

Este tipo de reconocimiento promueve un sentido de propósito, mostrando cómo cada tarea contribuye al éxito y la satisfacción del cliente.

6. Reconocimiento espontáneo y personal

El reconocimiento espontáneo puede ser un mensaje y tiene un impacto especial al demostrar que el líder observa y valora el esfuerzo continuo del equipo.

Ejemplo: puedes escribir una nota personal o enviar un mensaje en un momento inesperado:

«Juan, quiero que sepas cuánto valoro tu dedicación constante y la manera en que asumes responsabilidad con cada proyecto. Gracias por tu inquebrantable compromiso; tu esfuerzo marca una gran diferencia y no pasa desapercibido».

¿Cómo hacerlo efectivamente?

- **Hazlo personal y genuino**

Sé específico y personal para que el reconocimiento tenga mayor valor.

- **Usa un medio especial**

Una tarjeta escrita a mano o un mensaje personal es más significativo.

- **Sorprende al colaborador**

Al hacerlo en un momento inesperado el reconocimiento se convierte en un gesto de genuina apreciación.

El reconocimiento espontáneo demuestra una observación continua y que el líder aprecia el trabajo más allá de los eventos formales.

Implementando una cultura de reconocimiento

Una cultura de reconocimiento no solo motiva, sino que también fortalece la cohesión y el sentido de pertenencia. Para crear un ambiente de reconocimiento continuo es importante:

- **Fomentar que todos participen**

Invita a los miembros del equipo a reconocer y agradecer el trabajo de sus colegas, ya sea en plataformas de comunicación o en reuniones.

- **Incluir el reconocimiento en la rutina del equipo**

Añade una sección de reconocimiento en reuniones semanales o en reportes de equipo para que todos tengan la oportunidad de destacar los logros de los demás.

- **Monitorear el impacto del reconocimiento**

Observa cómo la motivación mejora con el reconocimiento y ajusta las prácticas según las preferencias de tu equipo.

Una cultura de reconocimiento continuo contribuye al bienestar, la motivación y el compromiso del equipo transformando el lugar de trabajo en un ambiente donde el esfuerzo y el talento son apreciados y recompensados.

Reflexión: la importancia del reconocimiento y la celebración de logros

1. **¿Reconoces a tu equipo de manera específica y sincera? ¿Cómo podrías mejorar la calidad y la personalización de estos reconocimientos?**

Piensa sobre si tus elogios destacan los logros únicos de cada persona y considera formas de hacerlos más significativos.

2. **¿Cómo podrías equilibrar los reconocimientos públicos y privados para asegurar que los colaboradores se sientan valorados de manera efectiva?**

Piensa en el impacto de ambos tipos de reconocimiento y en cómo puedes adaptar tu enfoque para satisfacer las preferencias individuales de tu equipo.

3. **¿Qué acciones podrías tomar para fomentar una cultura de reconocimiento en la que tanto tú como los miembros del equipo celebren y valoren los logros de todos?**

Considera cómo podrías integrar testimonios, resultados tangibles y la participación de los colaboradores para fortalecer el sentido de logro compartido.

10

DESARROLLAR PARA CRECER: LA EVOLUCIÓN DE LOS COLABORADORES MÁS ALLÁ DEL DEPARTAMENTO

Ser líder implica una gran responsabilidad: no solo guiar a nuestro equipo hacia objetivos organizacionales, sino también fomentar el mejoramiento integral de cada persona. La verdadera hazaña de liderazgo radica en ver el potencial individual, expandirlo y, en ocasiones, tomar la difícil pero necesaria decisión de dejar ir a esos talentos para que sigan creciendo, incluso si su camino los lleva fuera de nuestro equipo. Este acto de transición intencional es una inversión en el desarrollo de nuestros colaboradores y, en última instancia, en el éxito de la organización.

La responsabilidad de desarrollar talento

El rol de un líder no es solo enfocar el trabajo de sus colaboradores hacia las necesidades del momento, sino construir una base que respalde el crecimiento continuo. Un buen líder se asegura de que cada miembro reciba el apoyo necesario, tanto a nivel técnico como personal, para que pueda explorar su potencial dentro del equipo y, cuando sea adecuado, más allá de él. Esto implica crear un equilibrio entre planes específicos en su área y el potencial de progreso en otros ámbitos de la organización.

Al diseñar planes de desarrollo el líder debe asegurarse de que reflejen tanto las metas de la organización como las aspiraciones individuales del colaborador. Esta personalización es clave para que la transformación sea significativa, ya que no se trata solo de cumplir con programas estándar, sino de trabajar hacia el crecimiento de cada persona.

Técnicas de desarrollo individualizado

Para que un plan sea efectivo debe cumplir con la fórmula de alinear lo que necesita el colaborador con lo que realmente quiere. Aquí la personalización y la comunicación abierta son fundamentales.

1. Evaluación inicial

Comienza con una conversación franca sobre los intereses y metas del colaborador. ¿Hacia dónde quiere llevar su carrera? ¿Dónde se siente más motivado? Esta conversación establece la base de un plan de desarrollo significativo y estimulante.

2. Definición de objetivos conjuntos

Trabaja junto al colaborador para establecer objetivos de avance siguiendo las metas SMART: específicos, medibles, alcanzables, relevantes y con un tiempo determinado. Estos objetivos deben reflejar tanto las necesidades de la organización como las aspiraciones profesionales de la persona.

3. Retroalimentación continua

La misma no debe limitarse a evaluaciones anuales. Un buen líder proporciona retroalimentación constante y constructiva para que el colaborador pueda ajustar sus planes de manera oportuna. Esto no solo ayuda a fortalecer habilidades, sino que también refuerza la confianza y el compromiso.

4. Asignación de proyectos internos desafiantes

Dentro del departamento, ofrece oportunidades para que los colaboradores asuman proyectos que expandan su rol y permitan la implementación de nuevas habilidades. Estos proyectos internos son esenciales para el crecimiento, fortaleciendo al equipo a medida que los colaboradores amplían su capacidad y competencia en el rol.

5. Proyectos de expansión en colaboración con otras áreas

A medida que los colaboradores ganan experiencia, trabajar en proyectos interdepartamentales les brinda una oportunidad de colaboración y aprendizaje fuera de su entorno cotidiano. Estos proyectos no solo son valiosos para el desarrollo de habilidades técnicas y de liderazgo, sino que también ayudan a los colaboradores a crear redes internas y explorar intereses que puedan guiar su visualización futura.

6. Mentoría y *coaching*

La mentoría y el *coaching* son herramientas invaluables. Conectar a los colaboradores con mentores y *coaches* que puedan guiarlos, además de apoyarlos en su desarrollo personal y profesional, es una inversión que va más allá de las habilidades técnicas. El mentor puede ser el propio líder o alguien de otro departamento, según los intereses del colaborador. El *coach* es alguien que puede ejercer ese rol de manera interna, aunque por lo general es externo a la organización.

7. Formación en liderazgo y habilidades blandas

No todo el desarrollo es técnico. Habilidades como la comunicación, el trabajo en equipo y la inteligencia emocional son fundamentales para el éxito de cualquier colaborador. Proporcionar acceso a cursos o talleres en estas áreas los ayudará a crecer integralmente y a prepararse para roles de mayor responsabilidad.

La expansión del rol y la «transición intencional»

Desarrollar el talento puede implicar expandir el alcance de sus responsabilidades dentro del equipo, pero es posible que en algunos casos el colaborador encuentre mayores oportunidades de crecimiento en otro departamento. La clave está en ver el desarrollo como un proceso abierto donde el rol puede evolucionar dentro del equipo en colaboración con otras áreas o, incluso, en una transición completa hacia otro rol. Esta expansión puede significar:

- **Desarrollar internamente**

Identifica y promueve oportunidades para que los colaboradores amplíen sus responsabilidades dentro del departamento. Esto puede incluir asumir nuevos proyectos, especializarse en un área clave o, incluso, asumir roles de liderazgo. Desarrollar talento dentro del equipo fortalece a todos, ya que cada miembro se beneficia de las habilidades y capacidades ampliadas de sus compañeros.

- **Facilitar experiencias interdepartamentales**

Algunos proyectos en colaboración con otros departamentos pueden brindar una oportunidad de expansión que fortalezca tanto al colaborador como a la organización. Esta exposición permite que el talento explore y enriquezca sus habilidades, manteniéndose aún conectado con el equipo y ampliando su perspectiva sobre el negocio en su conjunto.

- **La transición integral**

Existen momentos en que el progreso de un colaborador requiere una transición completa a otra área. Esto no es una pérdida, sino un acto de generosidad y visión. **La transición integral implica ayudar al colaborador a aprovechar una oportunidad fuera de tu equipo, a veces en una unidad completamente distinta.** Este enfoque no solo respalda su crecimiento profesional, sino que también permite que la organización retenga y redistribuya talento de manera efectiva.

Herramientas para un desarrollo integral

Para apoyar estas tres dimensiones es crucial que el líder utilice una variedad de herramientas y estrategias.

- **Reuniones de desarrollo personalizadas**

Realiza reuniones específicas que sean distintas de las reuniones regulares de trabajo. En estas sesiones concéntrate exclusivamente en hablar sobre los planes de acción personalizados, ambiciones y estrategias de evolución para cada colaborador.

- **Evaluaciones de competencias y potencial**

Utiliza medios que te permitan medir competencias y potencial en diferentes áreas. Esto te dará una perspectiva objetiva sobre qué áreas podrían ser más adecuadas para el desenvolvimiento del colaborador.

- **Red de contactos internos**

Fomenta una red de contactos dentro de la organización que te permita identificar oportunidades para tus colaboradores en otros departamentos. Mantén comunicación con líderes de otras áreas para entender sus necesidades y detectar sinergias.

- **Seguimiento y retroalimentación constante**

A medida que un colaborador avanza en su plan de desarrollo es crucial realizar un registro permanente. Esto no solo le ayuda a mantenerse en el camino, sino que también te permite identificar nuevas áreas de expansión.

Desarrollar a un colaborador hasta el punto en el que esté listo para asumir mayores responsabilidades dentro de tu equipo o incluso en otro es una de las mayores satisfacciones que un líder puede experimentar. Cada persona que ha progresado bajo tu guía y ha encontrado un camino de éxito en otras áreas de la empresa es un reflejo de tu compromiso con la mejora de tu equipo y de toda la organización.

Aceptar la responsabilidad de «dejar ir» es reconocer que **como líderes nuestro papel es formar, inspirar y apoyar,** aun cuando eso implique ver partir a alguien que contribuyó al éxito de nuestros objetivos. Sin embargo, al mismo tiempo, fortalecer y expandir el alcance de aquellos que permanecen con nosotros nos asegura un crecimiento continuo y un legado de desarrollo y excelencia compartida. La generosidad y visión de un líder que desarrolla talento de manera integral es la marca de un liderazgo transformador.

Reflexión: desarrollar para crecer, la evolución de los colaboradores más allá del departamento

- **¿Cómo puedes equilibrar el desarrollo individual de cada miembro de tu equipo con las necesidades colectivas del departamento y la organización?**

Para lograr este equilibrio, primero identifica las habilidades y aspiraciones de cada colaborador y luego compáralas con las metas de tu equipo y los objetivos estratégicos de la organización. Considera tener reuniones de desarrollo individuales en las que puedas trabajar en un plan de acción que incluya tanto las metas personales del colaborador como las metas del equipo.

- **¿Estás creando oportunidades suficientes para que tus colaboradores expandan su rol dentro de tu equipo mientras identificas cuándo es apropiado apoyar su crecimiento en otras áreas?**

Para fomentar esta expansión, diseña proyectos o asigna tareas desafiantes que les permitan a los colaboradores ampliar sus responsabilidades. A la vez, observa si alguno muestra interés o aptitudes en otras áreas; cuando suceda, discutan juntos las posibilidades de colaborar con otros departamentos en proyectos interdepartamentales.

- **¿De qué manera practicas la transición intencional al reconocer el potencial de tus colaboradores y cómo puedes mejorar tu disposición para dejarlos ir en beneficio de su desarrollo profesional?**

Reflexiona sobre aquellos momentos en los que identificaste que un colaborador podía crecer en otra área y consideraste facilitar ese cambio. La próxima vez que notes que el potencial de alguien puede expandirse más allá de tu equipo, conversa con el colaborador y evalúa la mejor forma de apoyarlo, incluso si eso implica una transición fuera de tu departamento.

11

CÓMO ATRAER Y SELECCIONAR AL TALENTO IDEAL

Los líderes asumimos la responsabilidad esencial de atraer y seleccionar el talento adecuado, esa pieza clave que fortalecerá y llevará a nuestro equipo hacia el éxito. Cada vez que integramos a un nuevo miembro no se trata únicamente de llenar una vacante; debemos realizar un análisis exhaustivo de las competencias, habilidades y, fundamentalmente, de los valores y la capacidad de contribución que el equipo requiere. Este proceso reflexivo es crucial para garantizar que cada incorporación no solo complemente, sino que también potencie el proyecto que lideramos.

Antes de definir cualquier rol, es fundamental analizar a nuestros colaboradores actuales y preguntarnos: «¿qué talentos específicos faltan? ¿Qué competencias técnicas y habilidades blandas podrían mejorar nuestra dinámica?». La clave está en encontrar un equilibrio adecuado que sume tanto en competencias técnicas como en capacidades interpersonales, aquellas que fomentan la cohesión y el trabajo en común. Así, en lugar de simplemente cubrir la vacante dejada por el colaborador anterior, planteémonos cómo esta nueva contratación puede ayudar al equipo a alcanzar sus metas presentes y futuras.

Incluso, en casos donde la vacante sea un reemplazo tenemos la oportunidad de replantear el rol. La pregunta no es solo «¿qué hacía la persona anterior?», sino «¿qué necesitan los colaboradores y la empresa ahora y a largo plazo?». Tal vez el entorno ha cambiado o los objetivos de la organización han evolucionado y el equipo requiere algo distinto a lo que tradicionalmente era imprescindible en ese puesto. Por ello, mi invitación es que, antes de iniciar el proceso de reclutamiento, realices un análisis exhaustivo de las necesidades del equipo y de los objetivos estratégicos.

Una vez que tienes claro el perfil que estás buscando, es crucial contar con una estrategia de reclutamiento sólida y saber cómo manejar el proceso de selección. Aquí es donde entra en juego lo que he denominado la guía de entrevista *Talent Factor* y su metodología SENSE, por sus siglas en inglés (*situation, effort, navigate, strategy, evolution*). Este capítulo te guiará en el uso de esta herramienta que te ayudará a estructurar el proceso de entrevistas de manera objetiva y eficaz para que encuentres al candidato que no solo cumpla con los requisitos técnicos, sino que también sea el complemento ideal para tu equipo.

La guía de entrevista *Talent Factor*: estructura para seleccionar al mejor talento

La guía de entrevista *Talent Factor* está diseñada para ayudarte a evaluar habilidades, conocimientos y experiencias de cada aspirante de manera estructurada. Al incorporar el método SENSE, esta guía te permite profundizar en las competencias clave mediante cinco áreas fundamentales.

SENSE
Situation (situación): indaga sobre una situación específica que el candidato haya enfrentado en el pasado y que sea relevante en el contexto del trabajo.
Effort (esfuerzo): evalúa el esfuerzo y la dedicación del candidato para resolver la situación o completar el proyecto.
Navigate (navegación): entiende cómo el candidato planifica, ejecuta, dirige o controla la situación.
Strategy (estrategia): valora las acciones y la hoja de ruta estratégica del candidato, la cual sirve como guía para la toma de decisiones en las diferentes situaciones.
Evolution (evolución): indaga sobre los resultados de las acciones del candidato. Esto abarca los efectos de sus contribuciones, su esfuerzo, sus habilidades de navegación, las lecciones aprendidas de la estrategia y cualquier logro medible.

Cómo utilizar la metodología SENSE

Este método ayuda a estructurar tus preguntas y a profundizar en la experiencia del solicitante a través de sus cinco componentes. Aquí tienes ejemplos de algunas preguntas para cada uno de los elementos de SENSE que te permitirán explorar a fondo las habilidades y experiencias de quien se está postulando.

- _**Situation**_ **(situación)**

Solicítale que describa un hecho específico relevante para el puesto, permitiéndote entender el contexto y su punto de partida.

«¿Puedes contarme sobre una situación específica que enfrentaste y que sea relevante para este puesto?».

- ***Effort* (esfuerzo)**

Evalúa el nivel de dedicación e iniciativa que demostró para resolver la situación o completar el proyecto.

«¿Qué acciones tomaste para abordar esta situación? ¿Cómo identificaste que necesitaba tu intervención?».

- ***Navigate* (navegación)**

Explora cómo planificar, organizar y ajustar su enfoque, así como su habilidad para colaborar y adaptarse.

«¿Cómo ordenaste tu enfoque para superar los desafíos? ¿Hubo cambios en tu plan inicial?».

- ***Strategy* (estrategia)**

Observa la claridad y lógica en sus decisiones y cómo aborda la planificación estratégica para lograr objetivos.

«¿Cuál fue tu estrategia general y cómo decidiste sobre ella? ¿Consideraste riesgos y alternativas?».

- *Evolution* (evolución)

Examina los resultados obtenidos y las lecciones aprendidas. Esto te ayudará a ver cómo su experiencia puede aplicarse a situaciones futuras en tu equipo.

«¿Cuáles fueron los resultados de tus acciones? ¿Qué aprendiste de esta experiencia y cómo te ha influido?».

Beneficios de la metodología SENSE para ti como líder

Implementar la guía de entrevista *Talent Factor* junto con el método SENSE te brinda ventajas significativas para asegurar una selección de talento precisa y efectiva:

- **Consistencia**

Ofrece un proceso de evaluación uniforme y justo para todos.

- **Profundidad de evaluación**

Te permite analizar detalladamente la experiencia, competencia y ajuste cultural de cada aspirante.

- **Decisiones basadas en evidencia**

Facilita una toma de decisiones fundamentada mediante un sistema de puntuación objetivo.

- **Evaluación de ajuste cultural**

Te ayuda a identificar si el candidato comparte y vive los valores de la organización.

Atraer y seleccionar al talento correcto es una de las tareas más cruciales que realizarás como líder. **La guía de entrevista *Talent Factor* y su metodología SENSE te ofrecen un marco estructurado y poderoso para evaluar tanto habilidades técnicas como el potencial de crecimiento y ajuste cultural.** A través de este enfoque podrás crear un equipo sólido, cohesionado y alineado con los valores de la organización, lo que asegura un entorno de éxito y desarrollo compartido para todos.

Preguntas estructuradas SENSE

Estas ayudan a conducir entrevistas efectivas y profundas. Te incluyo preguntas específicas para cada competencia con el fin de permitirte explorar a fondo las experiencias del postulante. Usando el enfoque SENSE estas preguntas te facilitan descubrir cómo el candidato ha manejado situaciones similares y el impacto de sus decisiones. Cada respuesta del aspirante debe completar los elementos de SENSE.

Método SENSE

Situation (situación)

Effort (esfuerzo)

Navigate (navegación)

Strategy (estrategia)

Evolution (evolución)

Calificación

1	2	3	4	5
Insatisfactorio (significativamente por debajo de los criterios)	Por debajo de las expectativas (generalmente no cumple con los criterios)	Satisfactorio (cumple con los criterios)	Sobresaliente (supera los criterios)	Excepcional (supera significativamente los criterios)

Competencia: orientación a resultados

Esta competencia se centra en la capacidad de establecer y alcanzar objetivos claros, manteniendo un enfoque en la eficiencia y la calidad. Un líder orientado a resultados utiliza sus recursos de manera óptima y prioriza las acciones que contribuyen al cumplimiento de las metas organizacionales.

Preguntas

1. ¿Puedes darme un ejemplo de un proyecto o iniciativa en el que estableciste metas específicas y las lograste dentro del tiempo previsto? ¿Cómo te aseguraste de cumplir con los objetivos?

2. Describe una situación en la que se te pidió mejorar un proceso o alcanzar un resultado específico. ¿Qué pasos tomaste para impulsar mejoras en el desempeño y cuáles fueron los resultados?

3. ¿Cómo manejas las prioridades cuando tienes múltiples metas importantes al mismo tiempo? ¿Cuál ha sido tu estrategia para mantenerte enfocado en alcanzar resultados?

4. Proporciona un ejemplo de una ocasión en la que superaste las expectativas en términos de resultados. ¿Qué acciones adicionales tomaste para lograr este resultado?

Competencia: confiabilidad y ética

En el trabajo, estos principios reflejan el compromiso de actuar con integridad y responsabilidad. Los individuos con estas competencias son honestos, cumplen con sus obligaciones y manejan la información sensible con respeto, por lo que crean un entorno de verosímil en el equipo y la organización.

Preguntas

1. ¿Puedes describir una circunstancia en la que enfrentaste un dilema moral o ético en tu rol anterior? ¿Cómo la abordaste y qué factores consideraste para tomar una decisión?

2. Proporciona un ejemplo de una ocasión en la que debiste mantener la confidencialidad de información sensible. ¿Cómo te aseguraste de que la información permaneciera segura y cómo manejaste cualquier consideración ética que surgió?

3. ¿Cómo demuestras tu compromiso con los valores éticos y la integridad en el trabajo cotidiano? ¿Puedes compartir un ejemplo?

4. Describe una situación en la que tuviste que tomar una decisión difícil para proteger la integridad de tu equipo o de la organización.

Competencia: habilidades de comunicación

Esta competencia representa la capacidad para expresar ideas de manera clara, precisa y efectiva, adaptando el estilo de comunicación según el público. Los líderes con grandes destrezas comunicacionales facilitan el entendimiento, resuelven conflictos y fomentan una colaboración efectiva en sus equipos.

Preguntas

1. ¿Puedes compartir un momento en el que tuviste que comunicar información compleja? ¿Cómo te aseguraste de que fuera clara y comprendida?

2. Describe una situación en la que resolviste exitosamente un conflicto entre miembros del equipo. ¿Cómo la abordaste y cuál fue el resultado?

3. ¿Cómo adaptas tu estilo de comunicación al dirigirte a diferentes audiencias, como directivos y colaboradores? ¿Puedes proporcionar un ejemplo?

4. Menciona el ejemplo de una ocasión en la que brindaste retroalimentación constructiva de manera efectiva. ¿Cuál fue el enfoque que utilizaste?

Competencia: resolución de problemas

Esta habilidad permite identificar, analizar y resolver obstáculos de manera efectiva. Un individuo con esta competencia puede evaluar diversas opciones, utilizar el pensamiento creativo y aplicar soluciones estratégicas para superar desafíos complejos.

Preguntas

1. Comparte un problema desafiante que hayas enfrentado en tu rol anterior. ¿Cómo analizaste la situación, identificaste soluciones potenciales y finalmente la resolviste?

2. ¿Puedes dar un ejemplo de una ocasión en la que tuviste que pensar creativamente para superar un obstáculo significativo o lograr una meta?

3. ¿Cómo manejas imprevistos en los que parece que no hay soluciones obvias? ¿Qué proceso sigues para desarrollar una estrategia?

4. Describe un momento en el que implementaste una solución innovadora a un problema recurrente en tu equipo.

Competencia: iniciativa

La iniciativa implica actuar de manera proactiva para mejorar procesos, resolver problemas o aprovechar oportunidades sin esperar instrucciones. Un líder con esta herramienta identifica necesidades y toma decisiones audaces, contribuyendo al crecimiento y a la eficiencia de la organización.

Preguntas

1. ¿Puedes darme el ejemplo de una vez en la que pudiste identificar una oportunidad de mejora o innovación en tu rol anterior y tomaste medidas proactivas para abordarla?

2. Describe una situación en la que te encontraste con un desafío u obstáculo sin instrucciones claras sobre cómo proceder. ¿Cómo la superaste y qué acciones tomaste?

3. ¿Cómo decides cuándo actuar sin esperar aprobación formal? ¿Puedes compartir un caso en el que hayas asumido esta responsabilidad?

4. Describe un proyecto en el que fuiste el primero en proponer una nueva idea o enfoque. ¿Cómo lo gestionaste y cuál fue el impacto?

Competencia: enfoque en el cliente

Esta habilidad facilita el hecho de entender y satisfacer las necesidades del cliente, priorizando su experiencia y bienestar. Los individuos enfocados de esta manera son capaces de anticipar y adaptarse a sus expectativas, fortaleciendo la lealtad y la satisfacción del usuario.

Preguntas

1. ¿Puedes describir una situación desafiante de servicio al cliente que enfrentaste en tu rol anterior? ¿Cómo la manejaste y cuál fue el resultado?

2. Proporciona el ejemplo de una ocasión en la que fuiste más allá para asegurar la satisfacción del usuario. ¿Qué acciones tomaste y cómo impactaron en su experiencia?

3. ¿Cómo te anticipas a las necesidades de los clientes y las integras en tu enfoque de trabajo? ¿Tienes algún ejemplo?

4. Describe un momento en el que recibiste comentarios negativos de un usuario. ¿Cómo lo gestionaste y qué aprendiste de la experiencia?

Competencia: planificación y organización

Ambas se refieren a la capacidad de estructurar el trabajo de manera efectiva, estableciendo prioridades y manejando los recursos para cumplir con los plazos. Un líder con esta competencia asegura que los proyectos se ejecuten de manera organizada y en línea con los objetivos.

Preguntas

1. ¿Puedes hablar de un proyecto complejo que concebiste y organizaste con éxito en tu rol anterior? ¿Cómo abordaste el proceso de planificación y qué estrategias utilizaste para asegurar el éxito?

2. Proporciona el ejemplo de una ocasión en la que tuviste que gestionar múltiples tareas o proyectos al mismo tiempo. ¿Cómo priorizaste tu carga de trabajo y qué métodos usaste para mantenerte organizado y cumplir con los plazos?

3. ¿Qué herramientas o métodos usas para mantener tus proyectos en orden y asegurar que todos los detalles sean atendidos?

4. ¿Puedes describir una situación en la que un cambio inesperado afectó tu planificación inicial? ¿Cómo ajustaste tu enfoque?

Competencia: innovación y creatividad

Estas se enfocan en la habilidad para pensar de forma novedosa y proponer respuestas originales a problemas. Los individuos innovadores buscan mejorar continuamente y desafían el *statu quo* para implementar ideas que agreguen valor.

Preguntas

1. ¿Puedes darme el ejemplo de una ocasión en la que propusiste un planteamiento innovador o una solución a un problema en tu rol anterior? ¿Cómo desarrollaste e implementaste la idea y qué impacto tuvo?

2. Describe una situación en la que tuviste que pensar creativamente para superar un obstáculo significativo o lograr una meta. ¿Qué estrategias utilizaste para fomentar la creatividad y cómo contribuyeron a la solución?

3. ¿Cómo te mantienes inspirado para proponer nuevas ideas y desafiar las prácticas actuales? ¿Tienes un ejemplo específico?

4. ¿Qué haces para fomentar la creatividad en tu equipo y asegurar que las propuestas innovadoras sean escuchadas y valoradas?

Competencia: responsabilidad

La misma implica la capacidad de asumir la propiedad de las tareas y proyectos, asegurando su éxito y cumplimiento. Un líder responsable toma decisiones conscientes, enfrenta errores y aprende de ellos, estableciendo una ética de trabajo sólida y fiable que impacta positivamente en el equipo y la organización.

Preguntas

1. ¿Puedes darme el ejemplo de una vez en la que tomaste responsabilidad de un proyecto o tarea y aseguraste su éxito? ¿Cómo priorizaste las asignaciones y superaste cualquier obstáculo que surgió?

2. Describe una situación en la que cometiste un error o enfrentaste un contratiempo en tu trabajo. ¿Cómo asumiste la responsabilidad del error y qué pasos tomaste para rectificar esa eventualidad?

3. ¿Cómo demuestras tu compromiso con la responsabilidad y el cumplimiento de tus deberes en situaciones de alta presión? ¿Puedes compartir un ejemplo?

4. Proporciona un ejemplo de una ocasión en la que delegaste responsabilidades de manera efectiva y aseguraste que el equipo alcanzara los resultados deseados.

Competencia: adaptabilidad

Es la capacidad de ajustar el enfoque y las estrategias según las circunstancias que pueden variar. Un líder adaptable responde positivamente a los cambios, ajustándose de manera flexible a nuevos retos y necesidades, lo cual es fundamental en entornos dinámicos y en constante evolución.

Preguntas

1. ¿Puedes recordar una ocasión en la que tuviste que ajustarte rápidamente a un cambio importante en el trabajo? ¿Cómo lo manejaste y cuál fue el resultado?

2. Describe una situación en la que trabajaste con un equipo que tenía estilos de trabajo o preferencias diferentes a los tuyos. ¿Cómo transformaste tu enfoque para colaborar eficazmente con ellos?

3. ¿Cómo reaccionas ante asuntos inesperados y qué estrategias utilizas para mantener la eficiencia en momentos de transición? Proporciónanos un ejemplo.

4. Cuéntanos acerca de una vez en la que tuviste que cambiar una estrategia a mitad de proyecto. ¿Qué factores consideraste para adaptarte a lo nuevo y asegurar el éxito?

Competencia: trabajo en equipo / colaboración

El trabajo en equipo y la colaboración representan la habilidad de articularse de manera efectiva con otros para alcanzar objetivos comunes. Un líder colaborativo fomenta un entorno de apoyo y cooperación, sabe aprovechar las fortalezas de los demás y contribuye activamente al éxito colectivo.

Preguntas

1. ¿Puedes darme el ejemplo de un proyecto completado en equipo en el que hayas participado? ¿Qué rol desempeñaste y cómo contribuiste al éxito?

2. Describe una situación en la que tuviste que recibir críticas constructivas de un compañero. ¿Cómo manejaste la retroalimentación y qué pasos tomaste para mejorar tu desempeño o abordar cualquier inquietud?

3. ¿Cómo gestionas las diferencias de opinión entre colaboradores para asegurar que se mantenga un ambiente de participación positiva? ¿Tienes un ejemplo?

4. Proporciona el ejemplo de una ocasión en la que ayudaste a un compañero a superar un desafío. ¿Qué acciones tomaste y cómo contribuyeron al éxito del proyecto?

Competencia: conocimiento de la industria

Consiste en la comprensión profunda de las tendencias y cambios en el sector. Un líder bien informado toma decisiones estratégicas basadas en su entendimiento del entorno de la industria y aplica estos conocimientos para anticipar necesidades y posicionar a la organización de manera competitiva.

Preguntas

1. ¿Puedes hablar de una tendencia o desarrollo reciente en la industria que te haya llamado la atención? ¿Cómo crees que impactará en nuestra organización o en la industria en general?

2. Describe tu enfoque para mantenerte informado sobre los cambios en el entorno de la industria. ¿Cómo te mantienes al día con las noticias e innovaciones emergentes?

3. Proporciona el ejemplo de una ocasión en la que tu conocimiento de la industria fue clave para resolver un problema o capitalizar una oportunidad. ¿Qué impacto tuvo en tu equipo o en la organización?

4. ¿Cómo utilizas tus conocimientos sobre la competencia para identificar oportunidades de mejora o innovación? Compártenos una experiencia concreta.

Competencia: pensamiento estratégico

Implica la capacidad de analizar situaciones, considerar opciones a largo plazo y desarrollar planes que contribuyan al éxito de la organización. Los líderes estratégicos miran más allá de los objetivos inmediatos, anticipando cambios y tomando decisiones que fortalecen la posición de la empresa a futuro.

Preguntas

- ¿Puedes describir una ocasión en la que desarrollaste una estrategia o plan a largo plazo para lograr un objetivo organizacional específico? ¿Cómo formulaste la estrategia y qué factores consideraste?

- Proporciona un ejemplo de una vez en la que analizaste tendencias del mercado o estrategias de competidores para informar decisiones comerciales o desarrollar un plan estratégico. ¿Cómo contribuyó tu análisis al éxito de la empresa?

- ¿Cómo priorizas las metas estratégicas en medio de desafíos cotidianos? ¿Tienes algún ejemplo de una situación en la que mantuviste un enfoque a largo plazo?

- Describe una circunstancia en la que tuviste que adaptar una estrategia en respuesta a cambios en el mercado o en el entorno competitivo. ¿Cómo evaluaste las opciones y qué resultados lograste?

Competencia: manejo de conflictos

Consiste en la habilidad de abordar y resolver desacuerdos de manera constructiva y profesional. Un líder que maneja bien los conflictos fomenta la comunicación abierta, la empatía y busca soluciones que fortalezcan la relación y el ambiente de trabajo.

Preguntas

- ¿Puedes describir una situación de conflicto desafiante que enfrentaste en tu rol anterior? ¿Cómo abordaste su resolución y qué estrategias usaste para alcanzarla?

- Proporciona un ejemplo de una vez en la que mediaste exitosamente un conflicto entre miembros del equipo o colegas. ¿Cómo facilitaste la comunicación y fomentaste la colaboración para resolver el problema?

- Describe una ocasión en la que tuviste que gestionar un conflicto entre tu equipo y otro departamento. ¿Qué pasos tomaste para asegurar una solución beneficiosa para ambas partes?

- ¿Cómo mantienes la calma y la objetividad en situaciones de desencuentro? Proporciónanos un ejemplo donde aplicaste esta habilidad para resolver un desacuerdo.

Diez pasos para una entrevista exitosa

1. Bienvenida cálida

Comienza la entrevista con un saludo amistoso para que el candidato se sienta cómodo y bienvenido. Esto establece un tono positivo para la conversación.

2. Introducción

Preséntate a ti mismo y explica tu rol en la empresa. Da una breve descripción del propósito de la entrevista y lo que el aspirante puede esperar del proceso.

3. Conecta con el candidato

Inicia con una pregunta rompehielos para aliviar cualquier nerviosismo del postulante. Esto puede ser tan simple como preguntar sobre su trayecto hacia la entrevista o mencionar algo positivo de su currículum. Conectar a nivel personal es importante para que se sienta a gusto.

4. Establece un proceso de selección mutua

Aclara cualquier duda o preocupación que pueda tener sobre el proceso de entrevista, el rol o la empresa. Hazle saber que el proceso de entrevista es una selección mutua y proporciona una descripción general de lo que buscas en el rol para alinear expectativas. Esto ayudará al candidato a adaptar sus respuestas a lo que se busca en el puesto, haciendo el proceso más eficiente.

5. Discute la agenda

Ofrece una visión general de la agenda de la entrevista para darle al postulante una idea clara de lo que se cubrirá y cuánto durará la misma. Esto ayuda a gestionar las expectativas y a mantener la conversación organizada.

6. Preguntas abiertas

Comienza con preguntas abiertas que le permitan compartir más sobre sí mismo, sus experiencias y objetivos profesionales. Esto fomenta la participación activa y ayuda a obtener información valiosa.

7. Escucha activa

Brinda al candidato toda tu atención, manteniendo contacto visual y mostrando interés genuino en lo que tiene que decir. Esto construye una buena relación y muestra respeto por su perspectiva.

8. Profesionalismo

Mantén una actitud ética durante toda la entrevista, asegurando que tu tono de voz, lenguaje corporal y elección de palabras reflejen un ambiente formal. Mantén la conversación centrada en las experiencias y calificaciones profesionales del candidato.

9. Establece expectativas

Comunica claramente los próximos pasos en el proceso de entrevista y el cronograma para el seguimiento. Informa al aspirante sobre qué esperar después de la entrevista y cómo puede ponerse en contacto para cualquier pregunta adicional.

10. Agradecimiento

Termina la entrevista con gratitud por el tiempo y la participación del candidato. Expresa aprecio por su interés en el puesto y reitera la importancia para ti de su postulación.

10 pasos para una entrevista exitosa

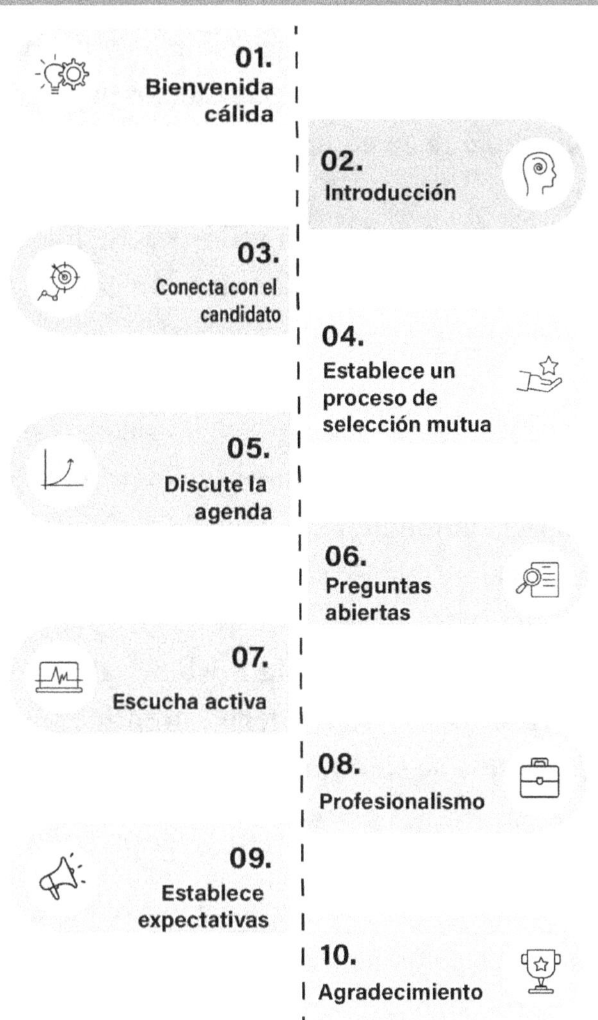

Reflexión: cómo atraer y seleccionar al talento ideal

1. **¿Cómo definirías las habilidades y cualidades clave que necesita tu equipo para lograr sus objetivos actuales y futuros?**

Piensa sobre las competencias esenciales y características personales que deberían tener los candidatos para contribuir al éxito y crecimiento de tu equipo.

2. **¿Qué estrategias de selección utilizas actualmente y cómo podrías mejorarlas para identificar el potencial y la alineación cultural de los aspirantes?**

Piensa en tus métodos de selección y considera cómo podrías adaptarlos o refinarlos para asegurar que los candidatos no solo cumplan con las competencias técnicas, sino que también compartan los valores y la visión del equipo.

3. **¿Cómo puedes comunicar la misión, valores y cultura de tu organización de manera auténtica para atraer candidatos que se sientan verdaderamente conectados con ella?**

Reflexiona sobre cómo presentas a la empresa durante el proceso de captación y selección para atraer talento que esté alineado no solo con el rol, sino también con el propósito y los valores de la organización.

12

LIDERAZGO EN LA ERA DE LA INTELIGENCIA ARTIFICIAL

La inteligencia artificial (IA) ha transformado de manera significativa tanto nuestra vida personal como profesional, impactando también en el ámbito del liderazgo. **En un entorno laboral en constante evolución, las herramientas de IA presentan una oportunidad inigualable para fomentar un liderazgo más eficiente, empático y estratégico.** Estas tecnologías no solo permiten la optimización de procesos y el incremento de la productividad, sino que también potencian nuestras capacidades de comunicación, toma de decisiones y desarrollo del talento. A medida que las organizaciones adoptan estas innovaciones, los líderes deben integrar la IA de manera consciente y efectiva con el fin de maximizar sus beneficios y mitigar los posibles riesgos asociados.

IA como asistente en la toma de decisiones

La IA se ha vuelto esencial para acceder rápidamente a grandes cantidades de información y análisis, facilitando a los líderes la toma de decisiones más informadas y precisas. Con diferentes aplicaciones es posible obtener asesoría en tiempo real, explorar estrategias y encontrar soluciones a problemas complejos en cuestión de segundos. Esta tecnología da paso para que los líderes liberen tiempo valioso con el que pueden centrarse en aspectos cruciales, como el desarrollo de su equipo y la alineación estratégica. Asimismo, la IA tiene la capacidad de analizar tendencias y generar informes que alerten sobre oportunidades o desafíos potenciales, lo que permite que un líder responda de manera proactiva.

Un líder que está a la vanguardia de la tecnología

Un líder efectivo se caracteriza por estar a la vanguardia, buscando activamente cómo mejorar el trabajo diario de sus equipos. Comprender qué herramientas de IA están disponibles y cómo aplicarlas es esencial para enriquecer su potencial, pues estas no solo simplifican tareas complejas, sino que también catapultan la experiencia laboral del equipo, optimizan flujos de trabajo y fomentan una cultura de innovación. Dada la creciente oferta de instrumentos, es responsabilidad del líder identificar aquellas que se alineen mejor con las necesidades del equipo, lo que promueve una mayor eficiencia y productividad.

A continuación, se presentan algunas herramientas de IA ampliamente utilizadas que pueden transformar distintos aspectos del trabajo en equipo:

- **Grammarly**

Para equipos que manejan documentación o redacción en su día a día, esta IA ayuda a mejorar la calidad de los textos y garantiza correcciones de gramática, tono y estilo en tiempo real.

- **ChatGPT y Copilot**

Son conversacionales y de asistencia colaborativa, lo que las hace ideales para generar contenido, realizar investigaciones rápidas y apoyar en tareas creativas o técnicas, como redacción o programación.

- **Canva**

Una plataforma esencial para crear presentaciones, infografías y otros materiales visuales. Con funciones de IA, como generación automática de diseños y edición inteligente, Canva facilita a los equipos producir contenidos atractivos de manera expedita y profesional.

- **Asana y monday.com**

Estas plataformas de gestión de proyectos, potenciadas con IA, permiten a los equipos organizar tareas, asignar responsabilidades y monitorizar el progreso. La IA puede, incluso, predecir cuellos de botella y sugerir mejoras en la planificación.

- **Presentations.AI**

Es una herramienta que de forma instantánea transforma ideas en presentaciones profesionales, ya sea desde un documento o descripción de lo que necesitas. Ofrece sugerencias de diseño personalizadas, plantillas adaptables, compatibilidad con PowerPoint y sincronización de marca, creando presentaciones únicas, y efectivas que se alinean a la imagen quieras presentar.

- **Zoom con IA de resumen**

Esta función de IA hace que los equipos tomen notas automáticas de las reuniones, resumiendo puntos clave y facilitando el seguimiento de tareas acordadas. Para líderes con múltiples reuniones esto puede ser un ahorro significativo de tiempo.

- **Trello con IA para organización visual**

Trello facilita a los equipos visualizar proyectos y tareas, la integración de IA sugiere clasificaciones automáticas y priorización de tareas, lo cual simplifica mantener una visión clara del flujo de trabajo.

- **Notion AI**

Sirve para la toma de notas y gestión de conocimiento; incluye IA que ayuda a los equipos a buscar información, organizar ideas y generar contenidos rápidamente.

- **Power BI y Tableau con IA**

Estas herramientas analíticas permiten a los líderes visualizar datos y tomar decisiones basadas en ellos. Con la integración de IA los datos se pueden analizar en profundidad, identificando patrones y tendencias que de otra manera podrían pasar desapercibidos.

- **Beautiful.ai**

Diseñada específicamente para crear presentaciones de PowerPoint utilizando IA. Beautiful.ai automatiza el diseño de diapositivas, asegurando una apariencia profesional con sugerencias inteligentes de diseño y estructura, lo que ahorra tiempo y esfuerzo.

- **Gamma AI**

Es innovadora y facilita crear presentaciones dinámicas y adaptables con el apoyo de IA. Gamma AI no solo genera diseños atractivos, sino que también optimiza el contenido para garantizar una comunicación efectiva y envolvente.

Herramientas de IA ampliamente utilizadas

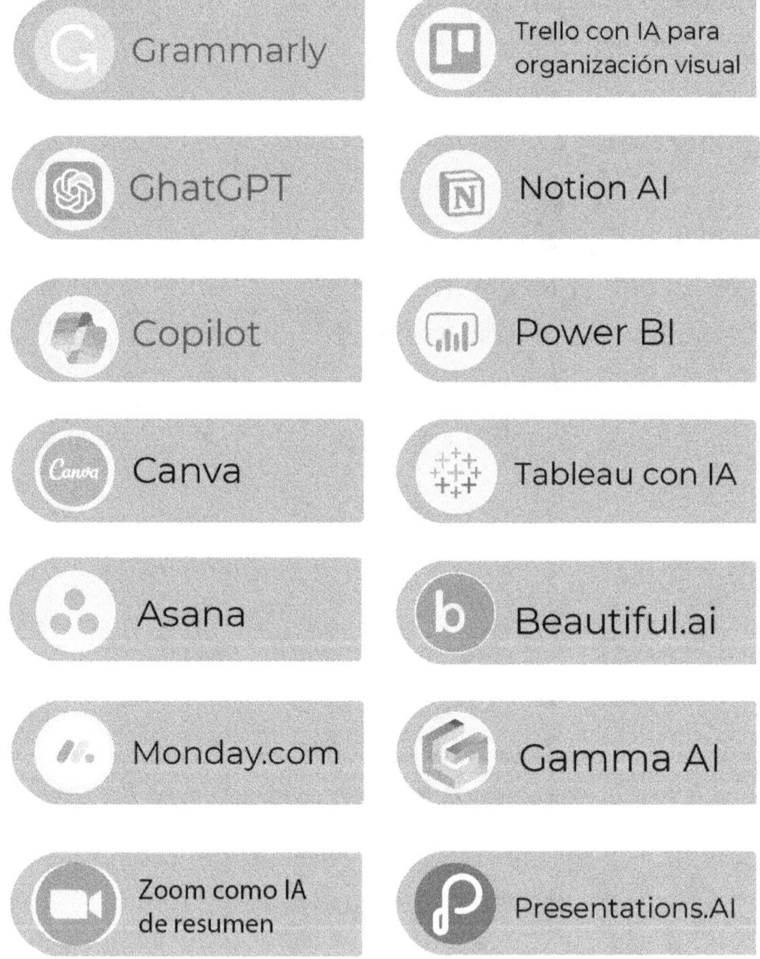

Mejorando la comunicación y la productividad

La IA facilita un entendimiento más eficaz dentro de los equipos. Gracias a su procesamiento de lenguaje natural los líderes pueden crear mensajes claros y directos, adaptar su comunicación a las necesidades individuales y proporcionar retroalimentación en un tono preciso y empático. Además, estas herramientas ayudan a redactar documentos, informes y correos de manera más eficiente, liberando tiempo para concentrarse en tareas de mayor valor. La IA también puede identificar patrones en la comunicación del equipo, detectando posibles problemas de alineación o claridad que los líderes pueden abordar para mejorar la dinámica general del grupo.

Fomentando el aprendizaje y el desarrollo

La actualización continua de conocimiento es esencial para cualquier empresa y la IA permite personalizar este proceso de una forma sin precedentes. Los líderes pueden utilizar la IA para diseñar planes adaptados a las habilidades, intereses y objetivos de cada colaborador. Estas facilitan el acceso a información y recursos en tiempo real, actuando como un «mentor digital» que apoya el crecimiento profesional de cada empleado. Por ejemplo, las plataformas de IA pueden recomendar materiales de capacitación específicos para cada individuo, basándose en su desempeño y objetivos o, incluso, crear simulaciones que permitan desarrollar habilidades en un entorno controlado.

Automatización de tareas y aumento de la eficiencia

Las IA pueden asumir tareas repetitivas y de bajo valor, lo que da paso a que los colaboradores se centren en proyectos más estratégicos y creativos. Esto no solo incrementa la eficiencia de quienes están involucrados en una asignación, sino que también contribuye a la motivación y satisfacción laboral al hacer que cada empleado sienta que su tiempo y habilidades son valorados. Los líderes pueden delegar tareas de recopilación de datos, generación de reportes y análisis básico a herramientas de IA para liberar a los colaboradores con el fin de que enfoquen su energía en actividades de mayor impacto que impulsen la innovación y el crecimiento.

IA y la personalización del liderazgo

Cada colaborador posee características únicas y como líderes es esencial adaptar nuestro enfoque para satisfacer sus necesidades específicas. La IA nos brinda acceso a datos detallados sobre el rendimiento, preferencias y estado emocional de los miembros del equipo, lo que conlleva una gestión más personalizada y efectiva. Esta metodología no solo mejora la efectividad del liderazgo, sino que también fortalece la confianza y el compromiso dentro del equipo.

Ética y transparencia en el uso de la IA

Aunque las IA aportan enormes beneficios, es fundamental utilizarlas de manera honrada y honesta. Los líderes deben asegurarse de que sus equipos comprendan claramente cómo y por qué se emplean, fomentando siempre un ambiente de confianza. Es imperativo recordar que la IA debe servir como un apoyo y no como un sustituto de la conexión humana y la empatía, aspectos que siguen siendo esenciales en cualquier relación de liderazgo. Además, los líderes tienen la responsabilidad de establecer políticas claras sobre el uso de la IA, respetando la privacidad de los datos y manteniendo la integridad en la toma de decisiones basadas en esta tecnología.

Beneficios del liderazgo en la era de la IA

Implementar IA en el liderazgo puede tener múltiples beneficios para el equipo y la organización:

- **Optimización de recursos**

La IA ayuda a los líderes a maximizar el uso de recursos, identificando áreas de mejora y optimizando procesos.

- **Toma de decisiones más informada**

Gracias al análisis de grandes volúmenes de datos, la IA permite elegir las mejores opciones con base en información sólida y evidencia.

- **Personalización en la gestión del talento**

La IA permite a los líderes conocer mejor a cada colaborador, adaptando estrategias de desarrollo y motivación que se ajusten a sus necesidades.

- **Innovación constante**

La IA promueve una cultura de innovación, pues hace que el equipo se enfoque en tareas de alto impacto y creatividad, liberándolos de tareas repetitivas.

- **Transparencia y mejora continua**

Con la IA los líderes pueden medir el progreso del equipo, identificar áreas de oportunidad y fomentar una cultura de retroalimentación constante.

Retos del liderazgo en la era de la IA

No obstante, liderar en la era de la inteligencia artificial presenta desafíos significativos. Los líderes deben estar preparados para abordar cuestiones éticas, de privacidad y de transparencia, asegurando un equilibrio adecuado entre el uso de la tecnología y la conexión humana. La inteligencia artificial debe ser vista como un apoyo y no como un reemplazo de la empatía y la comprensión interpersonal, fundamentales para un liderazgo efectivo. Adicionalmente, es crucial promover la capacitación continua de los equipos para que se adapten a las nuevas tecnologías, lo que garantiza una cultura de aprendizaje y enriquecimiento constante.

La inteligencia artificial ha inaugurado una nueva era en el liderazgo, donde las herramientas digitales potencian nuestras capacidades y nos permiten ser líderes más estratégicos, eficientes y empáticos. No obstante, el verdadero liderazgo en esta era reside en la habilidad de equilibrar la tecnología con la humanidad. La IA es un apoyo que puede optimizar la comunicación, la toma de decisiones, la personalización y el desarrollo del talento. Sin embargo, el rol del líder sigue siendo fundamental para guiar, inspirar y conectar con los demás.

En última instancia, el éxito en el liderazgo asistido por IA dependerá de nuestra capacidad para utilizar esta tecnología de manera ética y efectiva, siempre manteniendo como prioridad el bienestar y el crecimiento de nuestro equipo.

Reflexión: liderazgo en la era de la inteligencia artificial

1. **¿De qué manera estás utilizando actualmente la inteligencia artificial para mejorar la comunicación, la productividad o la toma de decisiones en tu equipo?**

Reflexiona sobre cómo la IA puede complementar tus habilidades de liderazgo y facilitar procesos y piensa en oportunidades para integrar estas herramientas de manera estratégica en tu gestión diaria.

2. **¿Cómo puedes asegurar que el uso de la inteligencia artificial en tu equipo sea ético y transparente y esté alineado con los valores de la organización?**

Considera los principios y prácticas que puedes implementar para garantizar que la IA se use de manera responsable, generando confianza y apoyando una cultura organizacional positiva.

3. **¿Qué habilidades necesitas desarrollar para liderar efectivamente en un entorno que incorpora cada vez más la inteligencia artificial?**

Reflexiona sobre las competencias, tanto técnicas como de liderazgo, que podrías fortalecer para adaptarte a los cambios tecnológicos y guiar con confianza a tus colaboradores en esta era digital.

13

TRASCENDER DEJANDO HUELLAS

Ser líder va más allá de la mera satisfacción de criterios establecidos o la consecución de metas propuestas. La verdadera esencia del liderazgo no radica en los reconocimientos o logros personales, sino en el impacto duradero que dejamos en los demás. Es una vocación que va más allá de los objetivos tangibles y nos invita a ser agentes de cambio, a ser guías que inspiran y elevan a otros.

A lo largo de este libro, hemos compartido herramientas y estrategias diseñadas para ayudarte a liderar con propósito. Sin embargo, al final del día hay una pregunta fundamental que debe orientar cada paso de tu camino: «**¿Qué legado estoy dejando?**». Este cuestionamiento trasciende los logros visibles y evalúa el verdadero valor de tu liderazgo en términos de transformación humana. Cuando logras impactar positivamente en alguien, contribuir a su crecimiento y brindarle el coraje para superar sus propios límites, habrás trascendido como líder.

El legado: huellas que trascienden el tiempo

Dejar un legado significa que tu influencia permanecerá viva en aquellos a quienes has tocado. Las personas recordarán cómo las hiciste sentir, cómo las inspiraste a crecer y cómo, gracias a tu guía, lograron convertirse en mejores versiones de sí mismas.

Recuerdo el primer día de clases de mi hija Catalina en primer grado. Le pregunté sobre su nueva maestra y me respondió: «No sé cómo se llama, pero sé que es bien buena». Esa respuesta me llenó de felicidad. Fue un mensaje poderoso para mí: ella no recordaba el nombre de su maestra, pero sí cómo la había hecho sentir y eso era lo más importante.

El liderazgo trasciende cualquier título o posición, porque el verdadero legado es aquello que persiste cuando ya no estás presente físicamente. Entonces, ¿cuál es el alcance de un liderazgo que trasciende? Veamos algunas áreas donde puedes dejar una huella.

- **El poder de la influencia continua**

Cada decisión y cada gesto dejan una impresión duradera. La forma en que trataste a tu equipo, el respeto que demostraste en cada interacción y el apoyo brindado en los momentos más críticos es algo que permanece en el tiempo. Reflexiona sobre aquellas personas que dejaron una huella en tu vida: probablemente lo hicieron no solo por sus logros, sino por cómo te hicieron sentir, cómo te inspiraron y cómo sacaron a relucir una versión mejorada de ti mismo. Así, tu influencia en los demás crea un eco de impacto positivo que se multiplica.

Nunca olvidaré el día en que alguien que formó parte de mi equipo me dijo: «Tú eres la líder que más me ha hecho trabajar y con la que más feliz he sido en mi carrera». Admito que por un instante me detuve a reflexionar si aquello era algo positivo. Sin embargo, al escucharla continuar comprendí que había logrado retarla a superarse, todo dentro de un ambiente profesional saludable y enriquecedor. Eso es precisamente lo que significa **influenciar: inspirar y motivar a otros a alcanzar su mejor versión.**

- **El impacto en la cultura organizacional**

Un líder que deja huella también transforma profundamente los principios de su organización. Cuando tus valores y prácticas inspiran a otros a adoptar un enfoque empático, inclusivo y comprometido estás construyendo una cultura sólida que perdura. Tus enseñanzas sobre el valor de la retroalimentación continua, la importancia de la integridad y la ética en el liderazgo, además del equilibrio entre el éxito individual y el colectivo, se vuelven elementos fundamentales de esa empresa.

- **Desarrollar el potencial en los demás**

El liderazgo que deja huella se mide por el éxito de quienes fueron guiados. ¿Cuántas personas en tu equipo han crecido y asumido nuevos desafíos gracias a tu influencia? Los líderes trascendentes ven en cada colaborador aptitudes únicas, por eso trabajan activamente en desarrollarlas, brindándoles herramientas, oportunidades y confianza para que ellos mismos se conviertan en futuros líderes.

Personalmente, llevo en mi corazón una lista de personas a quienes he tenido el privilegio de apoyar profesionalmente. Es una lista íntima, mía, son mi mayor orgullo y fuente de energía para seguir impulsando el potencial en los demás. En ocasiones comparto sus historias como inspiración para motivar a otros a desarrollarse, lo que multiplica su impacto y alienta a otros a seguir buscando su propia evolución profesional.

Ten tu lista, guárdala como un recordatorio de la diferencia que haces y como una fuente de energía para seguir, como líder, potenciando a otros a ser mejores.

- **Crear una cultura de aprendizaje y crecimiento**

Un líder que trasciende entiende que el aprendizaje nunca se detiene y promueve esta mentalidad en su equipo, liderando con el ejemplo. Participar en adiestramientos, obtener certificaciones y ampliar constantemente el conocimiento son acciones que inspiran a otros a seguir el mismo camino.

Fomentar un ambiente donde el aprendizaje continuo sea valorado contribuye a una cultura organizacional que está siempre dispuesta a adaptarse, innovar y mejorar. Esto va más allá de formar a tu equipo para el rol que desempeñan actualmente; se trata de prepararlos para lo que pueden llegar a ser, desbloqueando su máximo potencial y guiándolos hacia un futuro lleno de posibilidades.

<u>Estrategias para dejar un legado duradero</u>

1. Fomentar el empoderamiento y la autonomía	Un líder trascendental reconoce el momento de guiar y cuándo permitir que otros asuman el control. Al empoderar a tu equipo para tomar decisiones y asumir la responsabilidad de su trabajo, fomentas su confianza y habilidades de liderazgo. Esto asegura que cada miembro se sienta integrado al éxito de la organización, incluso cuando tú ya no estés presente para dirigirlos.
2. Practicar la mentoría activa	Un líder que aspira a trascender no es meramente un jefe, sino un mentor dedicado. La mentoría activa requiere estar disponible para guiar, escuchar y ofrecer consejos genuinos. Al actuar como mentor no solo ayudas a tu equipo a resolver problemas, sino que también inspiras en ellos el deseo de apoyar a otros; esto forma una cadena de influencia positiva que perdura, incluso después de que tu rol haya evolucionado.
3. Dejar espacio para el legado de otros	El legado no es únicamente individual, sino también colectivo. Facilita que tus colaboradores contribuyan a la visión; invítalos a expresar sus ideas y a ser parte del proceso de toma de decisiones. Al hacerlo, multiplicas las perspectivas, enriqueces la creatividad y también aseguras que el legado de tu equipo sea un reflejo auténtico de todos sus integrantes.

4. Inspirar una visión compartida	Una visión compartida es un compromiso colectivo que va más allá de proyectos individuales y metas a corto plazo. Comunica una visión clara y motivadora que inspire a tu equipo, en la que cada miembro se sienta reflejado y motivado a contribuir. De esta manera tus colaboradores entenderán que están participando por un objetivo más grande que ellos mismos.
5. Promover la sostenibilidad y el equilibrio en el liderazgo	Dejar un legado también implica establecer un modelo sostenible de trabajo y liderazgo. Fomenta que tu equipo encuentre un equilibrio entre su vida profesional y personal, priorizando el bienestar como un elemento clave para el éxito. Cuando aprenden a trabajar de manera eficiente sin sacrificar su bienestar estás sentando un estándar que valora tanto los resultados como a las personas que los alcanzan.

Reflexiona sobre tu propio legado

Al pensar sobre el tipo de impresión que deseas dejar, es importante preguntarte:

- ¿Cómo quieres ser recordado por quienes trabajaron contigo?
- ¿Qué valores quieres que perduren en tu equipo?
- ¿De qué manera tus decisiones y acciones de hoy están construyendo ese futuro legado?

Piensa en estos elementos como el cimiento de una estampa que va más allá de tus logros tangibles. Se trata de cómo has inspirado, de las puertas que has abierto para otros, de las oportunidades que has brindado y de la confianza que has depositado en cada uno de tus colaboradores. Dejar huellas es un acto consciente y continuo; cada día, cada interacción y cada decisión son oportunidades para construir ese legado.

Reflexiones y prácticas para dejar un legado

Para construir un legado que realmente impacte considera estas prácticas que pueden ayudarte a vivir de manera congruente con el liderazgo que deseas encarnar:

1. Construye relaciones de confianza

La confianza es el pilar sobre el cual se edifican relaciones duraderas y significativas. Es vital que tus acciones reflejen tus palabras y que demuestres integridad en cada paso que das. Cuando el equipo confía en ti, se siente seguro para innovar, expresar sus ideas y asumir riesgos.

2. Cultiva la humildad y la autocrítica

Un líder que deja un legado es consciente de sus fortalezas, pero también de sus áreas de mejora. La humildad no es debilidad; es reconocer que siempre hay espacio para aprender y crecer. Comparte tus propios errores y aprendizajes con tu equipo, muéstrales que la vulnerabilidad es una parte esencial del desarrollo.

3. Fomenta una cultura de gratitud y reconocimiento

Haz del reconocimiento una práctica habitual. Agradece los logros, tanto grandes como pequeños, de los miembros de tu equipo. Reconocer y celebrar el esfuerzo individual y colectivo fortalece la cohesión y el compromiso. Una palabra de agradecimiento o una felicitación genuina pueden tener un impacto profundo y duradero.

4. Promueve una visión compartida

Un equipo que va junto tras la misma visión y propósito es un equipo que trabaja con pasión y sentido de pertenencia. Ayuda a que cada persona entienda el «porqué» detrás de su trabajo para que cada logro tenga un significado más allá de lo inmediato.

El desafío y el privilegio de trascender

Dejar un legado que inspire y transforme constituye uno de los privilegios más elevados del liderazgo. No todos están dispuestos a asumir este desafío, pues exige generosidad, paciencia y una dedicación genuina al crecimiento de los demás. Ser un líder que deja huella es, en esencia, un acto de amor por el desarrollo y la transformación de las personas, una devoción por construir algo duradero más allá de uno mismo, y un compromiso inquebrantable con mejorar el mundo y las vidas de quienes nos rodean.

Liderar con este propósito significa un privilegio singular: **dejar un legado que inspire, transforme y enriquezca la vida de aquellos que han tenido el honor de caminar a tu lado**. No olvides nunca que el verdadero impacto de tu liderazgo no se mide en números ni en metas alcanzadas, sino en las vidas que has influenciado y en el bien que has sembrado a lo largo de tu camino.

SOBRE LA AUTORA

Nelmarie Monge Nazario, nacida en Puerto Rico, es una destacada ejecutiva de Recursos Humanos con más de 20 años de experiencia, reconocida por su combinación única de conocimientos financieros, pensamiento estratégico y habilidades de liderazgo centradas en las personas. Ha ocupado puestos ejecutivos en empresas multinacionales de sectores como seguros, distribución y servicios de salud, liderando iniciativas en transformación digital, adquisición de talento, cultura organizacional, compensación, liderazgo y gestión del cambio.

Cuenta con bachillerato en Recursos Humanos, posee una Maestría en Finanzas, y está certificada como coach por la International Coach Federation (ICF). Además de contar con certificaciones como *Scrum Master, Product Owner* por Scrum Alliance y liderazgo e innovación, por el Instituto Tecnológico de Massachusetts (MIT, por sus siglas en inglés). A lo largo de su carrera ha tenido el privilegio de recibir varios reconocimientos, algunos son: *40 under 40,* en el año 2021, otorgado por la revista de negocios Caribbean Business a los profesionales más exitosos menores de 40 años; *HR Influencer* para el Caribe y Centroamérica, por la compañía GOIntegro, entre otros.

Es fundadora de Opta Talent, firma especializada en liderazgo, atracción de talento y desarrollo organizacional, desde donde impulsa soluciones estratégicas centradas en las personas y el negocio. Ha liderado procesos de transformación cultural, fortalecido capacidades de liderazgo en todos los niveles y acompañado a organizaciones en la construcción de entornos más humanos, productivos y sostenibles.